LA JOIE TOTALE

La Joie Totale

DE *Marabel Morgan*

Auteur de la Femme Totale

PRESSES SÉLECT LTÉE
1555 Ouest, rue de Louvain
Montréal, Qué.

Originally published in English under the title “THE TOTAL JOY”

INDEX

INTRODUCTION

PREMIÈRE PARTIE

LA JOIE D'ÊTRE

DEUXIÈME PARTIE

LA JOIE DE DONNER

TROISIÈME PARTIE

LA JOIE D'AIMER

QUATRIÈME PARTIE

LA JOIE DE VIVRE

REMERCIEMENTS

A mes nouveaux amis
qui ont su partager
leur inspiration,
leurs encouragements,
leurs peines et
leurs joies avec moi -
Merci.

J'espère que vos histoires
sauront en combler d'autres
comme elles m'ont comblé.

INTRODUCTION

« Mon nom est Marabel Morgan » ai-je dit sans émotion au jury de *To Tell The Truth*. Deux autres femmes prétendaient aussi être Marabel Morgan, dont une femme célibataire de six pieds qui m'avoua en privé, ne jamais vouloir se marier.

Au cours de l'interrogatoire des trois Marabel, Soupy Sales demanda : « Est-ce qu'il existe une vie après le mariage ? »

Histoire d'amour

Il y a six ans, Charlie et moi avons recommencé à nous aimer même plus qu'avant notre mariage. J'essayais par divers moyens de raviver la flamme de notre amour. Et pouvais à peine attendre. Non seulement pour la vie après le mariage, mais pour la maison la plus douce et pour la plus intime des relations.

Il y a dix ans, le clair de lune et les roses s'étaient transformés en soleil cru et en vaisselle. En tant que Mme

Morgan je m'étais assise dans mon nouveau rôle et j'avais entrepris un projet : celui de changer Charlie. Rien d'important - seulement quelques points mineurs. L'ennui du mariage s'était déjà installé. Nous demeurions naturellement polis, mais il n'y avait plus de romance. L'élan s'était transformé en ennui et ce, en deux courtes années.

Il y a sept ans, Charlie et moi n'étions plus des amants, nous n'étions plus polis, et nous nous parlions à peine. J'ai donc mis sur pied sérieusement un projet pour sauver mon ménage - ce projet : changer Marabel !

Il y a six ans, Charlie et moi avons recommencé à nous aimer même plus qu'avant notre mariage. J'essayais par divers moyens de raviver la flamme de notre amour. Et Charlie changea à mes propres yeux, il reprit vie. Même nos filles, Laura et Michèle, remarquèrent la différence. Dans ma grande excitation j'en parlai à une amie, puis à d'autres, puis j'ai organisé des cours. J'ai écrit dans la *Femme Totale* afin d'aider les autres à éviter mes erreurs et de leur donner des idées pour sauver leur mariage.

Depuis cette époque j'aimerais pouvoir vous dire que « Charlie est devenu un *Homme Total,* et que je suis devenue une *Femme Totale.* La vie est très belle tous les jours ».

Il n'en est rien.

Il n'a pas changé, je n'ai pas changé. La vie n'a pas changé.

La vie est un combat de tous les jours.

Problèmes et éloges

En lisant toutes ces lettres j'en suis arrivée à la conclusion que les hommes et les femmes ont des besoins fondamentaux quel que soit le lieu où ils habitent, ce qu'ils sont ou ce qu'ils font.

J'ai ri avec une mariée du Texas, pleuré avec une divorcée de New York, et prié avec une mère de Londres. En partageant par lettre, j'ai appris à connaître et à aimer bien des nouveaux amis. Certains lecteurs peuvent être de ces correspondants. Si c'est le cas, qu'ils veuillent bien lire ce livre comme une lettre personnelle.

Les lettres couvrent tous les sujets imaginables. La plupart tombent dans une de ces deux catégories : les problèmes ou les éloges. Les problèmes révèlent des peines de coeur, des conflits et des tragédies. Les éloges sont de stimulants témoignages de vies et de mariages changés. J'ai voulu partager certaines de ces expériences avec vous.

Naturellement, j'ai continuellement respecté la vie privée des correspondants. Souvent, certains faits ont été changés, bien que les noms et endroits réels aient peu d'importance. J'espère plutôt que les problèmes et réponses particulières vous aideront comme ils m'ont aidée.

Ces événements jettent un regard rapide à l'intérieur du 395, rue Principale, Ville de l'Anonymat, la Terre. En regardant de plus près, vous reconnaîtrez peut-être votre voisin, votre belle-mère, ou quelques merveilleux et chaleureux amis nouveaux. Qui sait ? Vous vous découvrirez peut-être vous-même.

Si vous n'avez pas lu *La Femme Totale,* ne craignez rien. Nous commencerons ensemble ici. Premièrement, les mauvaises nouvelles : les lettres énonçant des problèmes. Les extraits de lettre suivants se lisent comme des petites annonces.

Au secours

- J'ai besoin d'aide. Je ne suis mariée que depuis six mois et mon mari et moi ne nous parlons déjà plus et nous ne faisons plus l'amour. Aidez-moi!

- Je suis mariée depuis 35 ans. Depuis 30 ans il manque quelque chose. Nous ne nous sommes pas embrassés depuis des années. Nos relations sont détestables mais dans le fond je l'aime vraiment.

- Je viens de lire votre livre. Vous me semblez être complètement folle. Mais étant donné que mes vingt ans de mariage sont un désastre total, comment puis-je me faire juge ? Vite. Quelqu'un ! N'importe qui ! Tout le monde ! Aidez-moi !

- Mon mari et moi sommes divorcés depuis cinq mois. J'étais une femme d'humeur changeante, non soignée et hargneuse. Il a trouvé une autre femme pour me remplacer. Naturellement, je ne peux le blâmer. Je réalise maintenant que je l'ai poussé à partir.

- Je suis mariée depuis un an (pour la deuxième fois) et tout s'écroule très vite. Il me semble impossible de corriger tous mes défauts. Je sais que je le repousse. J'ai 45 ans. Nous ne sommes donc pas des enfants. Aidez-moi !

- J'ai besoin d'aide pour sauver ma vie. J'ai le dos au mur et ne puis plus bouger. Je n'ai jamais pensé au suicide mais je cherche un but et un sens à la vie. J'ai une famille adorable et un mari merveilleux. Je m'inquiète de moi. Je détruis tout et ne sais comment faire autrement.

- Mon mari est un pasteur et nous sommes sur le point de divorcer. A qui pouvons-nous parler ?

- Nous sommes mariés depuis 42 ans et ma femme refuse de collaborer. Veuillez m'envoyer tous les renseignements possibles. A 76 ans, suis-je trop vieux pour rêver de la *Femme Totale ?*

Je ne suis ni psychiatre, ni conseiller matrimonial, ni avocat, et je ne prétends nullement que les principes de la *Femme Totale* puissent résoudre tous les problèmes de toutes les femmes. Maints problèmes peuvent nécessiter, étant donné leur gravité, des soins médicaux, ou de l'aide sur le plan émotif ou spirituel.

Malheureusement, souvent les cas les plus sérieux sont ceux qui ne peuvent trouver ou qui ne recherchent pas l'aide nécessaire et qui, handicapés ne peuvent vivre pleinement. Et le comportement de ces personnes affecte leur mari, leurs enfants, leurs amis et tous les gens qu'elles rencontrent en route.

Des centaines de femmes m'ont avoué leur manque de connaissance dans le domaine matrimonial comme étant à la base de leurs problèmes. Une femme m'a avoué ne pas savoir être heureuse et comment rendre son mari heureux. Elle m'écrivait : « Il doit y avoir une réponse. Je sais que le divorce ne règlera rien, mais je ne peux plus trouver de solutions. Il est triste de réaliser que nous n'étions pas préparés à élever une famille au sein d'un foyer heureux. Enfin, moi je n'y étais pas préparée ».

Moi non plus. Tout au cours de mon enfance, je n'ai jamais vu un couple heureux. C'est peut-être pour ça qu'il est si stimulant de découvrir un plan d'action qui marche.

Prix du sauvetage

Récemment Charlie et moi avons parlé avec un couple qui avait décidé de se séparer. Après les avoir écoutés un certain temps, je me suis sentie impuissante. Etrangement, ni l'homme, ni la femme ne pouvait donner de bonnes raisons à leur divorce. Ils n'avaient pas d'amants à l'extérieur, n'avaient pas de conflits. En fait, ils ont tous deux reconnus être les meilleurs amis !

Très étonnés, Charlie et moi avons discuté de leur situation avec un psychiatre qui se penche surtout sur les cas de problèmes matrimoniaux. Il nous avoua que dans plusieurs de ces cas, le vrai problème n'était pas un trouble émotif mais plutôt un manque de volonté. « Si ni l'une ni l'autre des parties ne désire vraiment voir le mariage réussir, il n'y a pas une cour de justice, pas un avocat, pas un psychiatre au monde capable de les garder ensemble », ajouta-t-il.

Je me souviens de mes sentiments lorsque notre mariage était chancelant. Je voulais une union meilleure, j'ai donc entrepris de la sauver et de la « faire changer », par tous les moyens possibles. Mon ménage comptait plus pour moi que toutes les petites causes de nos discussions.

Ce livre est donc basé sur le fait qu'une femme désire vraiment voir son mariage réussir, si elle est mariée. Si elle n'est pas intéressée à le sauver, alors ce livre ne la concerne pas. Son but fondamental est totalement en opposition au mien ; nos conclusions seront donc opposées. Il y a aussi la possibilité que vous désiriez vraiment sauver votre mariage, mais que vous ne croyez pas qu'il y ait une solution. Si c'est votre cas, alors ne nous quittez pas tout de suite. J'ai vu tellement de changements extraordinaires que je vous encourage à essayer encore une fois. « NBC—TV » a récemment produit un documentaire à New York, basé sur le programme de la *Femme Totale,* intitulé *Comment réussir en ménage en y travaillant vraiment.* Je crois que la clé du problème siège là ; il faut vraiment fournir un effort.

Si vous êtes célibataire, j'espère que vous trouverez tout de même plusieurs de ces suggestions et de ces exemples utiles. La plupart des principes inclus dans ce livre (exception faite de certaines parties, telle celle sur le sexe), s'appliquent à toutes les relations humaines, soit avec votre patron, vos cavaliers, votre facteur, et même votre belle-soeur. Vous connaissez probablement la plupart de ces principes de toutes façons. En fait, il n'y a rien de vraiment nouveau, mais il est bon de recevoir des aide-mémoire de temps en temps. Etant donné que je suis mariée, je m'intéresse tout naturellement aux relations matrimoniales, et j'ai besoin d'aide-mémoire de temps en temps.

Y a-t-il une vie après le mariage ?

Il peut y en avoir une. La vie de ménage n'est pas obligatoirement terne. Mais une femme doit se découvrir et donner libre-cours à sa vraie personnalité pour pouvoir aider son mari et ses enfants à s'épanouir. Et c'est alors que la vie de couple devient passionnante et amusante et qu'une femme peut découvrir le vrai plaisir de vivre et qu'elle transforme les choses les plus ordinaires en une véritable aventure.

Première Partie
La Joie d'Être

1 Qui Suis-Je?

Lorsque j'étais en troisième année, mes parents étaient en instance de divorce. Toute la journée à l'école je pensais aux problèmes de la maison. J'étais tiraillée entre mes parents. Tout au long de mes années du cours primaire, je me suis sentie vide et accablée. Ma vie semblait si incertaine !

Six ans après, le divorce n'était toujours pas réglé. J'avais fait mes petits bagages au moins une douzaine de fois. Mon père me regardait toujours faire mes valises. Il contrôlait ses larmes, moi pas.

J'ai perdu toute la confiance que j'avais acquise. C'était une angoisse pour moi d'aller à l'école chaque jour. Parfois je me sentais si mal que je perdais toute contenance lorsque quelqu'un me regardait. J'étais gênée d'être moi-même.

Une expérience très humiliante me fit vraiment beaucoup de tort. Au cours d'histoire en huitième année, le professeur me demanda de me lever et de lire un passage. En me levant j'ai eu un sentiment d'infériorité incroyable. Ce sentiment d'infériorité m'envahit et étrangla les mots dans ma gorge. Mon coeur se débattait dans ma poitrine. La peur m'envahissait. La classe se mit à tourner lorsque je tentai de lire, puis je perdis connaissance dans l'allée.

Plus tard au cours de la journée j'ai réalisé que mes compagnes de classe parlaient et se moquaient de moi. La peur m'envahit alors, la peur d'être jugée par les autres. La peur d'être complètement rejetée.

Aujourd'hui, lorsque je lis les lettres de femmes qui se demandent « qui suis-je ? » je sais ce qu'elles peuvent ressentir d'agitation, de peines et je connais cette peur paralysante.

Les circonstances de leur vie diffèrent naturellement des miennes, parfois elles sont plus pénibles encore. Mais quoi que ces peines puissent sembler, simples ou compliquées, je sais combien elles troublent. Je sais ce que c'est. Je suis passée par là.

Au mois de décembre de ma neuvième année scolaire, mon père mourut. Il y eut quelque chose en moi qui mourut en même temps. La tristesse m'envahit. L'école devint trop pénible pour moi. Chaque jour je mangeais seule. Je m'étais réfugiée dans ma coquille afin de me sauver car je n'avais plus du tout confiance en moi-même. J'ai sciemment commencé à me poser des questions sur la valeur de la vie et ma raison d'être.

Je me souviens d'un jour d'hiver très froid, alors que je rentrais à la maison en autobus. Le souvenir en est encore très vivant. Il était trois heures de l'après-midi. J'avais quatorze ans et me sentais en avoir quatre-vingts. En regardant les rues, les arbres et les maisons et en réalisant que ce même spectacle se répétait des milliers de fois partout au monde, je fus prise d'une tristesse angoissante. Le monde était si beau, mais je ne savais pas où ni comment je pouvais m'y mêler. Et pour la première fois, dans cet autobus bruyant, je me suis demandée « Qui suis-je ? - Où vais-je ? »

Jeanne la Disgracieuse

D'autres femmes se sont posées la même question troublante. Jeanne, une femme vivant en banlieue, m'a avoué ne pas savoir qui elle était. Quoique jolie, elle me dit se sentir vraiment inférieure. En observant Jeanne lors d'une réunion sociale, vous n'auriez jamais pu vous douter qu'elle se sentait perdue. Même étant le clou de la soirée ! En regardant de plus près vous pouviez remarquer qu'elle n'agissait que selon les normes d'un groupe. Quoique ses limites fussent seulement sous-jacentes, elles lui dictaient sa façon de s'habiller, de bouger, de parler. Sa coiffure était identique à celle du supposé-chef du groupe. En fait, Jeanne était une copie exacte de celui-ci. Elle se conformait exactement au groupe de crainte d'être rejetée par celui-ci lors des réunions de bridge.

Jeanne ne savait pas qui elle était et n'osait pas le découvrir. Elle était devenue esclave de ce que les autres penseraient d'elle. Elle jouait le jeu selon les normes du groupe. Incapable de développer sa propre personnalité et ses propres talents, Jeanne se sentait frustrée en comparaison des autres. Elle commença à se détester. Elle démolissait les autres pour se rehausser.

Lors d'une conférence sur *La Femme Totale*, Jeanne commença à remarquer son état d'être. En parlant après un cours, je lui ai expliqué. « Dieu t'a faite de façon unique. Pourquoi accepter d'être une copie de quelqu'un d'autre ? C'est toi-même la personne la plus importante à révéler. Ne te diminues pas ».

On a dit « Epanouis-toi selon ta nature ! » Un jour, Jeanne commença à s'épanouir et les résultats furent extraordinaires. Elle se découvrit et eut le courage de changer. Elle devint une personne nouvelle.

« J'avais perdu de vue qui j'étais, de crainte de ne pas être acceptée par mes amies » me dit-elle plus tard. « J'étais devenue esclave d'un groupe névrosé qui voulait contrôler ma vie. Je ne serai plus jamais une *Jeanne Disgracieuse* ou une *Jeanne imite* ou même une Jeanne tu *dois-être.* Je sortirai le meilleur de moi-même. »

Les Fenêtres sales

L'histoire est celle d'un pasteur qui tenta de régler une dispute entre deux femmes de sa paroisse. Un jour, il rendit visite à Caroline et l'écouta pendant deux heures alors qu'elle donnait libre cours à toute son hostilité contre Bernadette, sa voisine. Au cours de son attaque verbale elle s'arrêta et regardant par la fenêtre elle montra le linge que Bernadette avait placé sur la corde à linge en s'exclamant : « Regardez-moi ça, même sa lessive est sale ! » Le pasteur regarda les draps sur la corde voisine et dut admettre qu'ils semblaient en effet très sales.

Finalement, le pasteur s'excusa et s'en alla chez la voisine, Bernadette. Il comprit immédiatement qu'elle ne portait jamais de jugement et qu'elle regrettait profondément la méchanceté de sa voisine.

Au cours de leur conversation il jeta un coup d'oeil dehors et remarqua les mêmes draps sur la corde à linge. A sa grande surprise, le linge lui sembla alors propre.

Que s'était-il passé ? Les draps sales étaient-ils devenus propres ? Le pasteur regarda dehors et il comprit alors le pourquoi de la chose. Les draps avaient l'air propres parce que les fenêtres l'étaient.

Une personne qui regarde au travers de fenêtres sales voit les choses de façon différente, se sent hostile envers les autres sur qui elle rejette le blâme. Anna Russell a écrit une chanson au sujet de telles personnes qui ne peuvent prendre leurs propres responsabilités :

Je me suis rendue chez le psychiatre
pour me faire psychanalyser.

Pour découvrir pourquoi j'avais tué le chat,
et donné un oeil au beurre noir à ma femme.

Il me fit coucher sur le sofa
pour découvrir ce qu'il pouvait,
Et voici ce qu'il découvrit
dans mon subconscient.
Lorsque j'avais un an ma mère cacha
ma poupée dans une valise,
Donc il est maintenant tout naturel
pour moi d'être toujours ivre.
A deux ans, j'ai vu mon père
embrasser la bonne du jour,
Et voilà pourquoi maintenant
je souffre parfois de kleptomanie.
A trois ans, je souffrais d'ambivalence
envers mes frères,
Il est donc naturel maintenant,
pour moi d'empoisonner tous mes amants.
Je suis si heureuse d'avoir appris,
une leçon qui m'a fait si bien découvrir,
Que tout ce que je fais de mal,
est la faute d'une autre personne.

Les fleurs de l'amitié

Si vous avez rejeté le blâme de tous vos problèmes sur autrui, ou si vous vous apitoyez sur votre sort comme je le faisais, comment commencerez-vous à vous sortir de cette ornière pour changer tout à coup ? Grâce à un acte de volonté. Je me suis finalement dit : « Je ne serai pas prisonnière de mon passé. Je vais changer. Je veux le faire ! » La clé est de le vouloir.

Tout au long de cette misérable neuvième année, je languissais dans la misère de me croire seule pour toujours. Mais au mois de septembre suivant, j'en eus assez. La vie passait loin de moi. Je décidai de surmonter mes craintes, et le seul moyen d'y arriver était de les affronter directement.

Pour surmonter ma crainte de parler, je me suis inscrite à deux cours de diction. J'ai lu des livres sur l'art oratoire et j'ai même participé à des concours d'art oratoire au cours desquels je devais combattre l'envie de m'évanouir. Je crois que cette expérience a été la plus difficile de mon existence, mais je me suis efforcée d'aller jusqu'au bout.

Avant de nous séparer cette année-là, il fut projeté de vendre une fleur à chaque étudiant du secondaire. Je me suis offerte comme volontaire, craintivement car je savais que je devais ainsi affronter tout le monde. Terrorisée, j'ai décidé d'approcher un élève avec un boniment que j'avais mémorisé. Il écouta puis acheta une fleur.

Ce fut le début. Avec cette vente, j'acquis un peu de confiance en moi. J'étais décidée à continuer, et j'ai bientôt découvert qu'il était agréable de parler avec les gens, surtout lorsque j'avais quelque chose à dire. Certains clients sont devenus des amis. A la fin de la semaine, le conseil étudiant offrit un prix spécial à la personne ayant vendu le plus de fleurs : à moi !

Le changement s'est produit parce que j'avais décidé de l'effectuer. Mon attitude même commença à changer. Je m'étais forcée à l'action et j'avais obtenu des résultats. A partir de ce simple projet j'ai acquis plus de confiance, je me suis fait des amis et j'ai commencé à aimer être moi-même. Le Roi Salomon avait compris ce phénomène : « Un homme est comme il croit être ».

Quatre fois Maussade

Quelle que soit la situation, mon attitude du moment détermine ma réaction. Mon mari et mes enfants ne me *forcent* pas à me fâcher. Les pressions de la vie ne m'obligent pas à prendre des pilules, de l'alcool ou à manger jusqu'à en devenir obèse. Mes problèmes ne sont pas à la base de mes agissements, mais ils révèlent ma vraie personnalité.

Je sais que mon attitude établit habituellement l'atmosphère de la maison. Si je suis maussade au petit-déjeuner et lance presque les bols de céréales à ma famille, elle réagira de la même façon. Tout à coup, il y a quatre personnes maussades attablées au petit déjeuner.

Au contraire, lorsque je tente d'établir une atmosphère positive dès le matin, la journée semble démarrer beaucoup mieux. Charlie et les filles réagissent dans ce sens. Enfin, c'est parfois ainsi !

La patience n'est pas nécessaire pour entamer la journée de bonne humeur, mais plutôt pour conserver celle-ci malgré les lacets cassés, les clés d'auto perdues et le devoir déchiré.

Il n'est pas *juste* d'être blâmée dès le lever du soleil le matin. Il n'y a pas de justice dans ma façon calme de relancer les nouveaux lacets, de gentiment produire les clés d'auto, de recoller le devoir en pièces, et d'expédier ma famille heureuse. Il y a cependant une certaine satisfaction à savoir que j'ai fait ma part, et qu'ainsi ils seront confiants pour affronter le monde.

La plupart des matins, en me réveillant, je suis heureusement surprise d'être encore en vie. Il m'est arrivé parfois de me réveiller d'humeur maussade et irritable, mais même dans de tels cas je peux changer d'humeur. Hier est passé et demain ne viendra peut-être jamais. La seule certitude est qu'aujourd'hui m'appartient. Quelle stupidité de manquer une telle occasion. Je veux qu'aujourd'hui soit le meilleur jour possible.

Selon le docteur Viktor E. Frankl, la liberté première est le droit de l'homme à choisir son attitude face à des circonstances données. Avant de quitter le lit, je remercie le Seigneur pour cette nouvelle journée et je lui demande la force nécessaire pour bien la vivre. Je dois peut-être nettoyer la maison, ou travailler au bureau, ou tout simplement rejoindre une compagne pour le déjeuner. Le point important n'est pas la tâche à accomplir mais l'attitude que je dois adopter en l'accomplissant.

Parfois je peux décider de tout simplement rechigner et me retirer de la race humaine pour la journée ; et il y a une certaine jouissance sadique dans cette façon d'agir. Mais cela n'a rien de comparable à la joie extraordinaire que je ressens lorsque je me glisse sous les couvertures le soir en pensant : « Eh ! quelle journée ! J'ai réussi bien des choses. Je me sens bien. Merci mon Dieu ! »

Possibilités illimitées

Notre destination future est vraiment hors des limites de la terre. Mais sur la terre nous devons développer notre potentiel, exprimer notre vrai *moi* et de cette façon, nous entraider. Chacun de nous a des points de vue et des talents qu'il doit partager avec les autres. La famille est un merveilleux exemple où des personnes travaillent ensemble pour aider l'humanité au complet.

Votre âge, votre état de santé ou les circonstances de votre vie peuvent ou non ne pas être des limites. Nous avons tous des limites mais nous devons travailler selon notre potentiel plutôt que de pleurer sur notre sort. Personne ne peut faire plus que ce qu'il peut faire.

Au Disney World à Orlando, en Floride, il y a un ours mécanique dans le *Country Bear Jamboree* qui dit cette phrase : « Les gens que j'aime sont les gens qui me retiennent ». Je connais des femmes célibataires qui chantent cette même chanson. Étant donné qu'elles n'ont jamais pu s'accepter, elles trouvent difficile de se faire des amis. Il y a des hommes qui s'approchent mais s'en vont aussitôt. Ils ne peuvent rester.

Une divorcée avec trois enfants m'avoua ne s'être jamais aimée depuis sa plus tendre enfance. Elle commença à s'accepter comme elle était, en découvrant par l'étude de la Bible qu'elle était faite à l'image de Dieu. Elle m'écrivit une seconde fois pour m'annoncer la date de son remariage. « Mon fiancé est encore tout surpris de mon changement d'attitude. Il m'a avoué que mon manque d'estime de moi-même l'avait toujours laissé mal à l'aise. Maintenant il est amoureux de ce nouveau moi. J'atteins maintenant mon but. Je connais ma valeur propre. Dieu ne fait pas de choses inutiles ».

Les savants disent que notre cerveau est fait de billions d'outils de travail. Vous pouvez apprendre 10 choses nouvelles à la seconde. Vous pouvez apprendre et comprendre 100 trillions de mots nouveaux. En voilà des possibilités ! Oubliez les avantages de votre meilleure amie. Oubliez le talent de votre belle-soeur. Concentrez-vous sur vos possibilités et tracez-vous une voie.

Aimez-vous ce que vous êtes et ce que vous voyez en vous ? Si oui, c'est formidable. Mais s'il y a des aspects de votre personnalité que vous n'aimez pas, que pouvez-vous y faire ? Il n'y a que deux choses à faire. Les changer si vous le pouvez. Les accepter si vous ne pouvez les changer.

Tout comme dans cette parole célèbre de Reinhold Nieburh : « Dieu, donnez-moi la sérénité d'accepter ce que je ne peux changer, le courage de changer ce qui doit être changé, et la sagesse d'en connaître la différence. »

L'éternel régime

La semaine dernière, mon amie Becky se plaignait de son éternel problème de poids en trop. Elle gémit : « Je suis éternellement un régime, puis je mange trop. Pourquoi ne puis-je perdre ce poids et demeurer à un poids normal ? »

Il s'agissait d'une question de rhétorique et elle poursuivit sans s'arrêter : « Robert est formidable. Pourquoi ne puis-je lui faire plaisir, en paraissant formidable en bikini ? »

Nous finissions le dîner et Becky demanda un morceau de gâteau au fromage, cependant qu'elle employait un succédané dans son café. Elle me dit : « Je perds 5 kilos, puis je fête et reprends le poids perdu. Je sais que le problème réside dans ma tête. »

Ce cercle vicieux est si décourageant. Plus elle se sent malheureuse, plus elle mange, puis plus elle mange, plus elle est malheureuse. Quelle ironie ! Pour se punir une femme mange afin de paraître moins jolie. C'est comme si elle punissait le corps qu'elle déteste. Il est inutile de rechercher l'amour et les consolations dans les aliments.

« Lorsque je me sens triste, m'écrivait une femme malheureuse, je mange un biscuit. Encore mieux, un tas de biscuits. » Elle avait eu une taille mince et un poids attrayant de 95 lbs puis elle passa à 181 lbs en trois ans de malheur. Elle ne se sentait plus appréciée de sa famille, elle mangeait donc pour se consoler. Elle me disait : « plus je mange, plus je me sens malheureuse, mais maintenant j'en suis arrivée à m'en ficher. »

Elle ne s'en fiche probablement pas mais elle se sent incapable de remédier à la situation. Lorsque je me sens grosse, je suis déprimée. Je ne suis pas heureuse avec moi-même, j'essaie donc de me fuir. Il y a plusieurs façons de se fuir. Il y a les activités comme les clubs, courir les magasins ou faire du sport. Certaines femmes aiment s'évader grâce à l'alcool et à la drogue. Pour moi, une des façons les plus économiques et les plus faciles est de noyer mes ennuis dans un bon lait malté au chocolat ! « Un instant sur les lèvres, mais pour toujours sur les hanches ! » comme dit le vieux dicton.

De l'Ohio, je reçois cette lettre de Jeanne : « Après la lecture de votre livre, je réalise maintenant qu'il me faut changer. J'ai 39 ans, je pèse 288 lbs (oui, oui 288 lbs). Lorsque mon mari me demande de sortir, j'ai honte. C'est une affreuse torture pour moi d'être en public. »

Que vous ayez 10 ou 100 livres à perdre, ce problème de poids est un problème constant. Il est si facile d'engraisser et si difficile de maigrir. J'aimerais donc pouvoir vous donner un régime complet vous permettant de maigrir sans effort. La guerre contre le poids excessif fait partie des batailles de la vie, un de ces défis non alléchants. Apparemment la solution n'est pas facile.

Les experts nous disent que l'excès de poids écourte la vie et nous prive d'une énergie précieuse. De plus, cela entraîne vers la dépression. C'est là ma motivation première pour maintenir mon poids. Tout comme le disait cette dame : « la clé est dans la tête. » Si je ne désire pas vraiment changer, je ne changerai pas. Si je désire changer, il y a de l'espoir.

Perdez cet excès de bagages, si vous le pouvez. Et s'il vous est impossible de maigrir à cause de troubles glandulaires, alors acceptez-vous comme vous êtes et poursuivez votre vie.

Quel nez ?

Il n'y a pas que les livres en trop qui soient difficiles à porter. Il y a autant de problèmes qu'il y a d'individus. Un des problèmes à survenir le plus souvent est celui de l'acceptation d'un trait disgracieux ou d'un handicap physique.

Une très jolie dame exprimait le regret de ne pas avoir fait refaire son nez lorsqu'elle était jeune. Maintenant, devenue adulte, elle se sentait mal à l'aise à cause de son gros nez. Je la trouvais jolie, mais je pouvais constater qu'elle en souffrait amèrement. Je lui ai dit : « Si j'étais à votre place, me sentant aussi malheureuse, je le ferais refaire maintenant ». Elle suivit mon conseil. Le coût de cette chirurgie esthétique a été exorbitant, mais en valait la peine, pour elle, pour son équilibre.

Karine, une mère de trois enfants, âgée de trente-sept ans, souffrait d'un complexe d'infériorité depuis l'adolescence à cause de ses trop petits seins. Elle avait de la difficulté à s'accepter. Lorsqu'elle sortait, elle s'habillait très bien et portait un soutien-gorge avec prothèses, mais elle se sentait gênée envers son mari. « Comment puis-je être *sexy* lorsque je sais parfaitement que je souffre d'absence de seins. Je me sens toujours trop fatiguée pour être ou même agir de façon amoureuse et *sexy*. Croyez-vous que cette fatigue pourrait être dûe à mes complexes face à mon absence de buste ? »

Plusieurs autres femmes m'ont écrit des lettres semblables exprimant leur désespoir et leur sentiment d'infériorité dans une société où l'on vénère les seins. Elles se sentent toutes frustrées et pas féminines.

Le problème de Karine ne résidait pas tant dans l'attitude de son mari face à elle, mais plutôt dans sa propre attitude face à elle-même. Elle utilisait l'excuse d'être fatiguée. En tant que femme mûre, elle ne s'attendait pas à la perfection, mais ses seins (ou l'absence de ceux-ci) étaient devenus une cause de problèmes dans son ménage.

Nous vivons dans un monde où il est courant de faire transplanter des cheveux, de porter des verres de contact, ou de faire transformer son nez. Karine rechercha de l'aide médicale et son médecin lui suggéra la chirurgie esthétique afin d'augmenter le volume de son buste. Elle découvrit que la chose était possible pour elle, tant sur le plan médical que financier. Elle subit donc l'intervention chirurgicale. Plus tard elle m'écrivit à nouveau pour me dire combien elle se sentait femme pour la première fois de sa vie. Elle avait même commencé à agir en femme avec son mari et naturellement, il répondait à ses avances.

Si vous pouvez améliorer votre apparence physique, faites-le. Votre médecin peut vous conseiller quant à ce qui est possible et ce qui ne l'est pas. Mais demeurez bien consciente que la chirurgie, les verres de contact ou même un corps nouveau ne résoudront pas tous vos problèmes. Les améliorations externes ne peuvent même pas garantir une meilleure attitude chez vous, mais toute amélioration est un pas dans la bonne direction.

Cependant, il est souvent plus avantageux et moins coûteux de tout simplement changer d'attitude. Paule trouvait aussi son nez trop gros. Elle s'en excusait sans cesse auprès de Bob jusqu'au jour où il lui dit : « Je t'aime exactement comme tu es. J'adore ton nez. Tu es belle. Veux-tu arrêter d'insulter mes goûts ».

Elle fut ravie qu'il l'aime comme elle était, même avec son gros nez. Maintenant elle ne voudrait surtout pas le changer.

Mon corps, ma demeure

Toute femme sait qu'elle doit un jour vieillir et perdre sa fraîcheur du printemps. Cependant, lorsqu'elle commence à en remarquer les signes, elle subit un choc. Les rides semblent apparaître du jour au lendemain. Elle voit l'effet de la gravité sur ses bras, son menton et tout ce qui existe en-desous du menton. Qui aurait cru possible que cela arrive ?

Le chapitre 31 des Proverbes, décrit la *femme totale* aux yeux de Dieu. Une de ses principales caractéristiques est l'absence totale de vieillissement. Car elle suit son plan pour elle, jour après jour. Il lui donne une vie si remplie qu'elle n'a pas le temps de s'inquiéter au sujet de quelques rides ou marques de l'âge, encore moins le temps de les craindre.

Dans mon cas, il y a bien des choses que je ne peux changer chez moi, mais je n'ai pas l'intention de perdre mon temps à penser à ce que je ferais si je le pouvais. Je les accepte (parfois je dois les accepter plusieurs fois), puis je continue mon chemin et je me donne entièrement ; j'aime profondément et j'apporte ainsi de la joie à moi-même et aux autres. Tout comme l'a dit Jésus Christ : « il y a certainement des choses plus importantes dans la vie que le corps ! »

Un jour que mes filles et moi parlions de la vie, je leur ai dit : « Votre corps est en fait une coquille, une *maison* qui vous habille. Votre *moi* réel, celui qui est au fond de vous, vous quittera un jour. S'il arrive donc quelque chose à votre corps, cela n'affectera pas le vrai vous. Même si vous étiez victime d'un accident et perdiez vos jambes ou vos bras, le vrai *moi* à l'intérieur de chacune de vous demeurerait intact ».

Cet après-midi, Michèle a vu un nain dans une fête foraine. Je lui ai expliqué, « Dieu a donné à cet homme un tout petit corps pour sa vie sur terre, mais sa personne intérieure est identique à la tienne, avec les mêmes sentiments et les mêmes désirs. »

Etant donné que Michèle est d'environ la même taille que le nain, elle le surveilla de près, puis me demanda : « Serai-je un nain aussi, maman ? » « Je ne sais pas, lui répondis-je, peut-être si le plan de Dieu en est ainsi. Ce sera alors la *maison* qu'il aura choisie pour toi. Celle que tu devras porter. »

Tout ceci est d'un grand réconfort pour moi. De savoir que Dieu a lui-même dessiné ma maison m'enlève cette responsabilité. Je n'ai pas à combattre ses décisions. Un jour nous serons libérés de ces corps avec leurs maladies et leurs limites, mais pour l'instant nous devons les accepter. Je changerai ce que je peux mais j'accepterai le reste.

La grande envolée

Il se pourrait que vous preniez du temps pour vous découvrir mais en route vous jouirez d'avantages supplémentaires. Premièrement, vous découvrirez que vous n'êtes plus jalouse des réussites des autres, mais réellement contente de leur chance. Vous désirerez voir les autres découvrir toutes leurs possibilités et vous vous réjouirez avec eux lorsqu'ils y arriveront. Vous serez ravie de les voir être eux-mêmes et heureuse d'être vous-même.

La vie est si courte. Commencez dès aujourd'hui à développer vos talents et votre personnalité. La souffrance qu'entraîne un complexe d'infériorité est un désastre et une perte totale. Découvrez votre style et votre rythme dans la vie. Lorsque vous accepterez et développerez votre individualité spéciale, vous vous sentirez pleine d'énergie, positive et enthousiaste. Vous découvrirez le monde merveilleux de l'expression de soi.

2 *Où Vais-Je?*

Oser rêver

Avant de devenir efficace dans la cuisine, dans la communauté ou dans le monde des affaires, je crois qu'une femme doit savoir qui elle est et où elle va. Premièrement, s'accepter, ensuite se diriger. La route est le but même.

Viktor Frankl, le psychiatre européen qui vécut trois années de misère à Auschwitz, décrivit les prisonniers qui moururent mentalement avant de mourir physiquement. La raison : leur absence totale de but.

« Un prisonnier avait l'impression de suivre ses propres funérailles », écrivit Frankl dans *La quête d'un sens dans la vie de l'homme.* « Sa vie semblait sans avenir. Il considérait que tout était réglé et terminé, tout comme s'il était déjà mort ; il avait le sentiment de ne pas exister. »

Un homme (ou une femme) sans but commence à revivre le passé et à désirer pouvoir faire revivre le *bon vieux temps.* S'il perd confiance en l'avenir, il perd rapidement contact avec la réalité et ne progresse plus.

Charles Colson, un ancien avocat à la Maison Blanche, raconte une expérience semblable au cours d'un bref séjour en prison pour un des crimes du *Watergate.*

« Tout comme une invasion de parasites, les heures vides rongent l'être même », écrit Colson dans *Born Again,* décrivant la vie des prisonniers qui passent des heures à des tâches ridicules (comme polir des boucles de ceinture) et répètent les mêmes gestes continuellement. « On en arrive rapidement à une désorientation presque totale ; on fixe l'horloge et les mains ne semblent jamais bouger ; on perd toute notion de temps et de lieu. »

Plusieurs femmes mènent des existences de prisonnière dans leur propre maison, sans but et sans raison de vivre. La seule différence est qu'elles regardent la télévision au lieu de regarder l'horloge.

Le Révérend Steve Brown de l'Église Presbytérienne de Key Biscayne a déjà dit : « Si vous ne savez pas où aller et n'avez pas de carte pour vous y rendre, vous demeurerez toujours perdus. » La Bible dit : « Quand les gens n'ont pas de but, ils périssent... » [5]

Où allez-vous ? Pensez-y. Évaluez votre vie quotidienne. Exprimez-vous votre personnalité et vos talents de façon créatrice ? Si vous n'aviez plus qu'un an à vivre, que désireriez-vous accomplir au cours de ces 365 jours ?

Comment pouvez-vous vous fixer un but et arriver au succès malgré toutes les pressions contre vous ? Je me souviens d'une femme qui s'était enlisée dans la routine de l'âge mûr, et qui a été estomaquée lorsque son mari décida d'apprendre à piloter à l'âge de cinquante ans. Plutôt que de rester seule à bouder à la maison, cette femme décida courageusement de vaincre sa peur de l'avion et de prendre elle-même des cours de pilotage. Plusieurs mois après elle m'écrivit : « Je ne peux pas encore croire qu'il s'agisse vraiment de moi, mais je subirai l'examen, pour la licence de pilote privé, la semaine prochaine ! »

Avant la naissance de Michèle, j'ai dû passer trois longs mois à l'hôpital. A plat sur le dos, pas de visiteur, j'ai contemplé les murs jour après jour. Tout au long de ces interminables heures, j'ai désiré faire quelque chose de constructif comme écrire un livre, mais les médicaments m'empêchaient de lire, encore plus d'écrire. Finalement, le bébé est né et nous sommes rentrées à la maison. A cette époque ma vie était partagée entre la préparation des biberons, les repas de Charlie et Laura, le ménage de la maison après ma longue absence. Quel temps ridicule pour écrire un livre, alors que je passais mes journées au milieu de montagnes de couches ! Mais c'est justement à ce moment que j'ai décidé de l'écrire.

Surmonter les difficultés

Pour la plupart des gens, les deux principaux obstacles à la réalisation de leurs buts sont la routine et les handicaps. Ces deux vilains sont responsables de l'échec de millions de bonnes intentions.

Harriet Habitude reste dans sa routine et n'en sortira pas pour qui que ce soit ou quoi que ce soit. Il y a déjà bien des années qu'Harriet est tombée dans cette routine rigide et immuable. Son excuse favorite contre les nouvelles idées est : « Ce n'est pas sur ma route », ou même « Je l'ai toujours fait comme ceci », ou encore « Je suis trop occupée ». Elle ne se dit jamais : « Je le peux ».

Il est tellement plus facile de maintenir nos anciennes habitudes que de les changer. Quelqu'un a dit que l'habitude est comme une personne qui a perpétuellement un pied dans la tombe. Igor Oganesoll, un des producteurs de *60 minutes* pour le réseau CBS, voit dans le concept de la *Femme Totale,* un bris des anciennes habitudes.

Pouvez-vous développer vos talents originaux et employer vos vraies possibilités tout en maintenant vos anciennes habitudes ? Moi, j'en suis incapable. Pour moi, le seul moyen d'en sortir est de me tracer une nouvelle voie.

Lorsque je me suis finalement décidée à écrire un livre, Harriet Habitude me rappela rapidement que j'étais trop occupée. Elle gémit : « Tu es folle. Tu dois préparer les repas et plier les couches, et t'occuper des petites. Tu n'as même pas le temps de respirer ! »

J'ai commencé par être d'accord avec Harriet. Puis je me suis souvenue qu'il n'y avait *jamais* assez de temps ! L'obstacle no. 2 : les handicaps.

En plus de Harriet Habitude, Phoebe Phobie impose une peur morbide à toute personne qui décide de créer et d'accomplir. Elle vous intimide d'une façon subtile. Elle prend des faits réels et les charge de crainte. Ses obstacles crient *danger* où il n'y en a pas : « Je suis trop vieille pour ça », « je suis trop jeune », « trop petite », « trop stupide ».

Les frontières psychologiques, si vous y croyez, semblent réelles et vous rendent esclaves avant même que vous ne commenciez : «Vous ne pouvez pas. » Et si vous les écoutez vous leur donnez raison, vous n'en êtes pas capable.

Plusieurs bonnes amies sont comme Phoebe Phobie. Elles détruisent rapidement toute nouvelle idée pour une multitude de raisons négatives, dont le manque de connaissance de leur part. Tout comme le dit le docteur Clyde Narramore « Les gens dévalorisent toujours les choses qu'ils connaissent mal ».

En essayant d'écrire, j'ai reçu un avis qui me disait : « Mais, tu ne sais pas écrire ! Arrête ». L'écriture fine dans le coin en bas indiquait « de la part de Phoebe Phobie ».

L'indication était si impressionnante que je me suis assise et l'ai considérée longuement. Enfin je me suis souvenue de mon voyage vers des horizons nouveaux, j'ai escaladé cet obstacle, dégoûtée du délai stupide, et j'ai retrouvé quelques nouvelles idées en cours de route.

J'ai retrouvé mon chemin et je commençai à parcourir la route lorsque brusquement j'ai affronté un autre obstacle. Il m'arrêta subitement. En grandes lettres majuscules, il disait : « Mais qu'arrivera-t-il si tu rates ? » Tout petit on lisait « De la part du comité sur la crainte de l'échec ».

De je ne sais où, Phoebe Phobie sortit et me regarda en souriant « N'y va pas. Reviens en arrière ». Je n'ai pas bronché, convaincue que rien n'invite plus l'échec que la crainte de l'échec. « Je préfère poursuivre », lui dis-je, et je m'enfuis loin d'elle.

Voir la tâche accomplie

Dans le livre de James Michener, *La Source,* M. Zodman retourne à son pays d'origine, Israël. Lors d'une visite guidée, on veut lui montrer des ruines anciennes. A la place, M. Zodman veut visiter la nouvelle forêt plantée par le gouvernement. « Les ruines sont mortes depuis des milliers d'années, dit-il, les arbres vivent maintenant ».

J'ai vu un danger réel dans l'optique des projets à long terme. Si je ne faisais pas attention, je risquais de manquer les arbres et les autres belles choses sur mon chemin. Un des secrets de la vie est de savoir travailler pour un but à long terme tout en jouissant des jours qui passent. Il me fallait maintenir cet équilibre délicat dans ma vie et jouir de la présence des arbres sur mon chemin tout en poursuivant ma route vers un but ultime.

Je me suis arrêtée pour pique-niquer sous les arbres. Puis après cette pause rafraîchissante, j'ai poursuivi mon chemin.

Jack Nicklaus, grand champion de golf, révéla un jour le secret de son succès sur le vert : « Je n'en ai jamais manqué une dans ma tête, dit-il, la balle ne tombe peut-être pas dans le trou, mais je ne l'ai pas manquée ».

Lorsque vous vous êtes fixé un but, imaginez-le atteint. Si vous n'avez pas cette image mentale vous lâcherez à mi-chemin. Il n'y a pas de limite à ce que vous pouvez accomplir.

Ada Soubirou apprit à jouer du piano, sans piano. Quoique ses parents ne pussent lui acheter un piano ils lui offrirent des leçons de musique. Chaque semaine en rentrant de sa leçon, livre de musique en mains, Ada s'installait sur le rebord de la fenêtre et pratiquait des heures durant, tous les jours. En marquant doucement les notes sur le rebord de celle-ci, elle *entendait* les notes et apprenait sa leçon. Aujourd'hui, Ada enseigne le piano à Laura et est une artiste très connue par ses disques.

De retour sur mon chemin, un soir je suis arrivée à destination et là je l'ai vu : mon livre terminé ! En le feuilletant, mes yeux ont clignoté ; en regardant de plus près, je réalisai qu'il y avait un stylo dans ma main, et sur mes genoux reposait un calepin de feuilles blanches.

Je m'étais endormie sans même écrire un mot. Bien que je me fus sentie épuisée par l'effort fourni sur mon chemin, j'avais vu le livre achevé dans mon esprit et me sentais plus décidée que jamais d'aller au bout de mon rêve.

D'ici jusqu'à l'éternité

Une fois le but défini, il faut établir la stratégie en vue de l'atteindre. Planifier avant de vous lancer. On croit ce que l'on voit ; on réussit à la suite d'efforts constants. Élaborez un plan précis. Lorsqu'on a un plan, on a aussi la motivation pour aller au bout de son idée.

Un des traits communs à toutes les femmes qui réussissent est l'organisation. Planifiez bien avant de vous lancer. Un des anciens présidents de la Compagnie DuPont disait : « Une minute de planification économise trois à quatre minutes d'exécution ». Ces trois ou quatre minutes s'additionnent au cours d'une journée, d'une semaine, d'une vie. *Une Femme Totale* prend le temps de planifier. Elle veille à organiser son temps non seulement pour la vie mais pour l'éternité.

J'ai reçu une lettre d'une dame du Maine : « Il est minuit, le 20 janvier. J'écris sur un bloc de papier tout ce que je veux accomplir demain. Quelle liste importante, et quel merveilleux sentiment ! J'ai presque l'impression d'avoir déjà accompli la moitié de ma tâche. »

Et en fait, c'est vrai.

Lorsque vous avez planifié votre travail, travaillez ensuite votre plan. Mon plan est basé sur la prière et la transpiration.

La prière est l'ingrédient de base de tout nouveau projet. Lorsque je demande l'aide de Dieu le matin, je suis assurée qu'Il me répondra. Il a, Il est et Il fera.

Le Roi David priait : « Nous vivons jusqu'à soixante-dix ans ! Et certains vivent même jusqu'à quatre-vingts ans ! Mais, même les meilleures parmi ces années sont souvent remplies de vide et de douleur ; elles passent rapidement et nous disparaissons... Enseigne-nous à compter nos jours et à reconnaître leurs sens ; aidez-nous à les utiliser comme nous le devons. »[6]

Si vous n'avez jamais prié, ne craignez pas de commencer. Si vous avez déjà tenté de tout organiser mais n'y arrivez pas tout à fait, parlez-Lui-en. Même si vous n'avez que le temps de prononcer deux mots, Il entendra cet appel urgent, « *au secours !* ».

La deuxième partie de mon plan est la transpiration. Mon but est la progression ; le travail en route est la transpiration.

Le travail est la meilleure échappatoire contre l'ennui et le seul chemin du succès. Thomas A. Edison disait : « Je n'ai jamais rien fait par accident ; et aucune de mes inventions n'a été le résultat d'un accident ; elles ont été le résultat de mon travail. »

Phyllis Diller, en parlant de son manque d'organisation dans l'entretien de sa maison, dit en riant : « Je suis de dix-huit ans en retard sur mon repassage, ça ne vaut plus la peine de le faire, les vêtements ne vont plus à personne. »

Le problème que doivent affronter les femmes d'Amérique est principalement l'excès de travail et le manque de temps.

Une secrétaire de l'Arizona m'écrivit : « Après mes neuf heures de bureau, puis les huit heures passées à faire les emplettes, la cuisine, l'entretien de la maison et à prendre soin de Fred, je n'ai plus de temps pour les petits plaisirs de la vie. Que puis-je faire ? »

Premièrement, reconnaissez que les journées n'ont que vingt-quatre heures. Il en est ainsi tous les jours. Vous n'y pouvez rien changer. La seule exception est dans le Proverbe 10,27 : « La vénération de Dieu ajoute des heures à la journée »[7] Merveilleux. Imaginez ça. Et que j'en aurais donc besoin de ces heures additionnelles !

Puis, il est bon d'admettre que la quantité de travail à fournir et les responsabilités augmentent avec l'âge. Si vous faites partie des 50% de femmes qui travaillent en dehors du foyer, votre travail est automatiquement doublé. De plus, les promotions demandent encore plus de votre temps. Le docteur Samuel Greenberg, de l'Université de Miami, un psychiatre, dit : « Plus vous progresserez dans le monde des affaires, plus vous devrez travailler d'heures. Il y a tout autant de dépressions occasionnées par des promotions que par des déclassifications ». Les exigences accrues de votre emploi du temps accentuent les pressions sur vous et réduisent vos heures libres avec votre famille. Quelle menace réelle à la vie familiale !

Le seul choix est donc la façon d'utiliser les vingt-quatre heures allouées. Le temps est précieux. Tout comme le disait William Penn : « Le temps est le luxe que nous recherchons le plus, et celui que nous gaspillons le plus ». Benjamin Franklin suggérait « ... de ne pas gaspiller le temps car il est à la base même de la vie ».

Une de mes amies, très intéressée aux choses municipales, m'avoua s'ennuyer au cours des réunions mensuelles. « Il y a une telle perte de temps. Je deviens agitée... tout comme si je ne devais pas être là du tout. » Les femmes passent un temps fou à faire des choses qu'elles ne désirent pas réellement faire. Dieu désire une vie riche pour vous, non agitée. Je ne connais personne qui ne soit très occupé. Mais *occupé* peut vouloir dire tourner en rond. Une *Femme Totale* est orientée vers le résultat, non vers l'activité.

Le Président Eisenhower disait : « J'ai découvert que les choses urgentes étaient rarement importantes, et les choses importantes rarement urgentes ». Si vous êtes esclave des choses urgentes, vous n'aurez jamais le temps de faire les choses importantes. Vous croirez peut-être parfois qu'il y a une campagne menée contre vous dans le but de vous empêcher de voir aux choses importantes. Ce n'est pas une campagne spéciale, c'est tout simplement la vie ; alors soyez ferme dans votre décision de voir aux choses importantes.

Les pires choses en premier

Dans *La Femme Totale,* je parlais d'un plan d'organisation élaboré pour la U.S. Steel par un conseiller en administration qui reçut $25,000 pour son concept. En quelques mots, le plan est basé sur le principe de faire les choses importantes en premier. Préparez une liste de toutes vos responsabilités immédiates et effectuez les travaux inscrits selon leur ordre d'importance.

Je trouve utile de préparer ma liste la veille. De cette façon mon subconscient se prépare à l'action pendant que je dors.

Soulagez la pression en affrontant les pires problèmes en premier, au début de la journée, alors que vous êtes encore en pleine forme. En reculant les choses qui vous déplaisent, vous augmentez votre tension et les problèmes semblent alors plus importants. Il est souvent bon d'affronter un problème de front, il semble alors moins important et peut même disparaître complètement.

Les maris aiment le *plan de $25,000,* et l'adaptent souvent à leur vie quotidienne. Vous aimeriez peut-être élaborer une liste avec votre conjoint de choses que vous désirez réaliser ensemble.

Même mes filles ont appris à préparer leur liste de priorités la veille afin de réaliser les choses les plus importantes de leur jeune vie. Pour Laura, une des choses importantes est l'étude du piano. Lorsqu'elle prépare une pièce pour un récital, ses exercices deviennent plus importants que de jouer avec ses copines. Elle apprend à remettre les joies immédiates afin d'atteindre un but ultérieur.

Le secret de la réussite est d'y travailler un peu tous les jours. Vous ne pourrez déplacer une montagne en une journée même si vous y mettez toutes vos énergies. Fixez-vous un rythme de travail. La fatigue extrême inhibe le travail. Ne travaillez pas sur un seul but jusqu'à en être épuisée. Divisez vos grands projets en plus petits projets.

Si le bébé pleurait, vous auriez peut-être besoin d'une détente pour renouveler votre inspiration. Jouez avec le bébé. Allez prendre une marche, prenez une douche, faites un petit somme. Si vous avez peur de dormir trop longtemps, remontez le réveil.

Il y a des années, j'avais découvert qu'un moment de répit avec mes jambes élevées sur un coussin faisait briller mes yeux pour mes rendez-vous. J'avais jusqu'à récemment oublié ce petit truc de beauté. Les années de ménage et les bébés me l'avaient fait oublier. Puis, je m'en suis souvenu et je l'ai essayé de nouveau. En plus des yeux brillants et de l'éclat, j'y ai découvert un réservoir d'énergie. Détendez-vous donc et faites le plein. La relaxation offerte par un repos de 10 minutes est revitalisante, vous pouvez même inscrire ce petit repos sur votre *plan de $25,000.*

J'aimerais que ces jeunes mères avec des bébés réalisent que ces jours et ces nuits exigeants passeront. Lorsque vous croyez remonter à la surface pour la dernière fois, n'oubliez pas que vos bébés et leurs horaires, s'amélioreront. Les enfants apprendront rapidement à s'habiller tout seul, à manger et à jouer seul et, sous peu, ils seront à l'école.

Lorsqu'ils grandiront, vous pourrez alors faire des échanges d'idées d'adulte à adulte. Un jour vous rechercherez leur compagnie plus que celle de toute autre personne. Mais maintenant, pendant qu'ils dépendent de vous, vous construisez les fondations de leurs vies.

Vous n'avez pas beaucoup de temps.

Roule, bébé, roule

Qu'arrive-t-il lorsque vos beaux plans s'écroulent et que vous affrontez des circonstances toutes nouvelles ? Une dame me posa cette question un jour. Elle me dit avoir été mêlée à suffisamment de comités pour écrire un livre, et avoir téléphoné suffisamment pour écrire un bottin. Mais lorsque son monde s'écroula un jour, elle s'assit et écrivit : « Si je suivais votre cours ce soir, je recevrais la note F. Aujourd'hui j'ai raté, j'ai manqué et j'ai abandonné le navire. Je veux dire que lorsque vous en êtes au Plan X, à l'heure du dîner, et que vous vous glissez dans votre bain mousse à 11 p.m. avec du mascara coulé sur les joues à cause des larmes, il est ridicule de croire que la journée aurait pu être sauvée ».

Je comprends. Je passe rarement une journée selon le Plan A. La vie et ses soubresauts semblent gagner du terrain avec l'âge. Mais je peux faire face plus facilement lorsque j'ai un plan. Lorsque le fond lâche et que tout devient chaos, j'ai un choix : devenir folle ou être assez souple pour m'adapter au Plan B ou C ou T. J'apprends à inclure les mauvaises choses dans mon plan. Les petits problèmes quotidiens font aussi partie des défis de la vie, mais mon attitude peut les rendre amusants où que je sois.

La Bible dit qu'un coeur léger est aussi bon qu'un médicament.[8] Lorsque mon coeur est léger, il m'est facile de parler aux autres et d'adopter le Plan B.

Un jour, il y a déjà quelques années, j'ai décidé d'avoir le coeur léger, coûte que coûte. Naturellement avec une telle attitude j'ai failli me détruire. J'étais déjà presque folle au petit déjeuner lorsque le bébé fit tomber une tarte sur le sol. Puis les blanchisseurs perdirent la meilleure chemise de Charlie. A midi, je partis pour l'école, dégoûtée, découragée et affamée. Puis, sur le chemin du retour, l'auto, pleine de jeunes enfants en plus du bébé, tomba en panne au milieu d'un boulevard, une journée où le thermomètre atteignait 30°C !

Je voulais pleurer. Puis, je me suis souvenue que j'influençais l'attitude des enfants dans l'automobile, je me suis mise à rire - presque follement. Les gamins m'ont dévisagée, avec surprise, puis ils se mirent aussi à rire. Nous nous sommes tous donné la main pour traverser la rue, puis en riant, sommes partis chercher du secours. Lorsque le policier arriva, nous riions toujours. Je dis gaiement aux petits : « Nous avons eu toute une aventure ! »

Un des petits me dit « vous êtes folle ! » mais je crois qu'il se souviendra toujours de cette journée comme de l'un des hauts faits de son année à l'école maternelle.

Un coeur léger semble faire fondre les problèmes. Les gens doivent savoir rire d'eux-mêmes, et des petits tracas de la vie. Ça semble aider !

Vous pouvez raconter vos problèmes à votre mari tout en riant, non sous forme de tragédie. Lorsque vous lui dites : « Tu ne croiras jamais ce qui m'est arrivé aujourd' hui », vous pouvez en rire ensemble. Il y a tellement de choses qui se passent mal que vous n'aurez pas à chercher très loin pour rire un peu.

J'aime penser aux paroles de Buffy Ste-Marie : « J'étais un chêne, maintenant je suis un roseau, je peux plier ». Une de mes amies a un emploi du temps au dessus de son évier ; on y lit : *Sujet à changements, mon Dieu.*

Ses méthodes ne sont pas toujours nos méthodes, même si nous trouvons ce fait difficile à comprendre parfois. Lorsque je ne peux comprendre, je pense au verset : « Voici la journée que le Seigneur a fait ; nous nous réjouirons et serons heureux de l'avoir » ?... de toute façon...

Lorsque tout va mal, n'oubliez pas que seul votre plan a raté, pas vous.

1. Si vous n'avez pas lavé vos fenêtres récemment, le questionnaire des *fenêtres sales* vous aidera peut-être à démarrer.

A. A qui pensez-vous lorsque vous entendez le mot « fâchée » ?
Avec laquelle des personnes précédentes aimeriez-vous le plus être abandonnée sur une île déserte ?

B. Décrivez-vous en un mot : Êtes-vous maussade, gentille, hostile ou grosse ? Choisissez ce qui vous décrit le mieux.

C. Quel est le qualificatif qu'utiliseraient vos amis pour vous décrire ?

D. La réponse de vos amis ou de votre mari à la question C, concorde-t-elle avec votre réponse à la question B ?
Êtes-vous une grande simulatrice ? Les autres vous connaissent-ils bien ? Vous connaissez-vous, vous-même ?

2. Tracez deux lignes perpendiculaires sur une feuille de papier de façon à faire trois colonnes.

A. Dans la première colonne, inscrivez vos problèmes les plus urgents ;

B. Dans la deuxième colonne, inscrivez ce que vous aimeriez qu'il advienne de chaque problème (si vous pouviez les régler en espérant) ;

C. Finalement, dans la troisième colonne, inscrivez le plan d'action que vous élaborez afin de réaliser vos rêves.

3. Inscrivez les 10 personnes qui ont le plus influencé votre vie. Puis, décrivez en un mot leur plus grande qualité ou leur trait de caractère primordial. Pourriez-vous adapter certains de ces traits à vous-mêmes.

4. Écrivez un livre. Racontez l'histoire de votre journée. Gardez un bloc de papier et un crayon près de vous toute la journée et même à côté de votre lit. Notez toutes les idées qui vous passent par la tête. Sinon, vous les oublierez probablement - ou resterez éveillée toute la nuit à essayer de vous en rappeler.

Deuxième Partie
La Joie de Donner

3 *Accepter*

« Jeudi dernier était la veille du Jour de l'An » ainsi commençait la lettre d'une veuve du football. « Je vois encore le casque de football dans mon sommeil étant donné que mon époux regardait partie après partie ». Elle me disait aussi que son mari était fou du golf aussi bien que de tous les autres sports. De plus, c'était un homme d'affaires dynamique qui traînait son travail avec lui partout où il allait. Elle me demandait : « Que puis-je faire pour redécouvrir mon mari ? »

Je connaissais personnellement son problème. Lorsque Charlie et moi sortions ensemble nous sommes allés à tous les matchs de football et à tous les tournois de golf de Miami. J'aimais Charlie et la plupart des choses qu'il aimait, mais je ne pouvais tolérer tous ces événements sportifs soir après soir.

J'acceptais d'assister aux parties simplement pour observer les gens. J'avais un certain plaisir à regarder les toilettes des gens qui passaient en cortège comme dans un énorme défilé de mode. Au cours de notre première sortie (lors d'un match, naturellement), je me rendis compte que Charlie me regardait. Comme je me retournais, il m'indiqua le terrain de jeu et me dit mollement : « La partie se joue en bas, là ».

Les mois passèrent. Je pris note mentalement de ce qu'il faudrait faire si on se mariait un jour. Il fallait définitivement élargir les centres d'intérêt de Charlie dans des domaines autres que les sports. Je le rendrais plus nuancé dans ses goûts.

Après notre mariage, j'ai dû réaliser à mon grand regret que l'intérêt de Charlie pour le sport était devenu une passion. Notre vie romantique et la communication entre nous furent réduites et Charlie demeura collé à la télévision pour éviter mes harangues. J'étais devenue si jalouse du football télévisé que mon jugement en était troublé.

Aigrie et frustrée, j'ai décidé de me fixer mes propres buts. J'ai entrepris de corriger tous les défauts de Charlie. Il était un jeune homme très bien et n'avait pas beaucoup de défauts, mais, il avait cependant certaines petites manies. J'étais certaine de pouvoir polir ces abords rugueux et il serait alors parfait !

Le meilleur moyen de mener à bien ce projet, serait de lui indiquer ses défauts. Donc, jour après jour, pendant six ans et demi, je lui ai énuméré ses défauts de façon très explicite afin qu'il puisse savoir quoi changer. Mais pendant tout ce temps-là, il n'a jamais varié d'un pouce.

Les matchs de football de fin de semaine me troublaient plus que tous les autres. Je ne pouvais comprendre comment une personne pouvait s'intéresser à un match du *Nord-Sud* contre je ne sais trop qui. Une fin de semaine en particulier, Charlie suivit cinq parties de football sans même se déplacer une fois. J'ai même cru devoir le faire déclarer « légalement décédé ! »

Voulant maintenir des pensées positives, je profitais de l'occasion où il demeurait en un même endroit. Au moins je pouvais lui parler. Durant les parties, je lui rappelais les petites tâches ménagères : « Veux-tu sortir les vidanges ? », lui demandais-je juste au moment crucial d'une partie. « Le dîner est prêt, lui criais-je. Va chercher du lait, nous venons de vider le dernier litre. »

En général, ces requêtes passèrent inaperçues, mais une fois que j'entrepris doucement de changer le poste (je croyais qu'il dormait), il s'emporta : « Que fais-tu ? »

« Tu as assez regardé la télévision », lui dis-je d'un ton fâché, et reprenant mon équilibre : « Maintenant veux-tu aller au magasin me chercher du lait! »

« Je t'ai entendue la première fois, puis la seconde, me dit-il en changeant le poste à nouveau. « Veux-tu cesser de me casser les oreilles ? »

Voilà donc ! J'y ai pensé un peu plus tard ; en fait, quelques années plus tard, plus exactement. Pour lui, si je me répète, je le harcèle. Et dire que j'essayais seulement de me rendre utile.

Selon la Bible il s'agit là d'une ancienne torture chinoise où l'on faisait doucement tomber de l'eau sur la victime, goutte après goutte.[10] Charlie était tout simplement misérable.

Les Proverbes nous disent : « un homme préfèrerait demeurer sur le toit de sa demeure que dans une maison où habite une femme qui le harcèle. » Mon mari qui était devenu un étranger silencieux et préoccupé d'échapper à l'emprise d'une telle femme, était déjà sur le point de sortir l'échelle.

En plus de le harceler, la seconde étape de mon superplan était de refaire Charlie selon *mon moule.* Je préparai donc un pique-nique pour le samedi après-midi, juste le jour de l'ouverture de la saison de football.

Je dois avouer que l'idée n'a pas été reçue avec enthousiasme, mais je n'ai pas lâché pour autant. J'ai continué à proposer d'autres sorties.

Après six ans, j'ai réalisé que les progrès étaient plutôt maigres, mais je ne me suis pas découragée. Je me suis dit : « Donnez-moi encore dix ans ».

J'ai discuté de mon problème (ou plutôt de mon défi) avec une amie lors d'un lunch. Elle me répondit gentiment : « Marabel, j'ai tenté la même chose avec mon mari pendant plusieurs années, mais j'ai finalement décidé que je ne le désirais pas identique à moi. »

En travaillant sur mon diplôme post-matrimonial en RDM (réfection des maris), je creusais un très large fossé entre Charlie et moi.

Un soir où des amis étaient venus en visite, Charlie leur dit d'un ton sarcastique : « Marabel me traite toujours comme un roi ». Puis il se pencha au sol, claqua des doigts et dit : « Viens King, viens ! »

Finalement, j'ai compris.

Nick O'teen

Si on en juge par le courrier reçu, il y a des milliers d'autres fanatiques des sports à travers le pays. Les plaintes nous viennent de femmes qui ne partagent pas l'enthousiasme de leur mari pour les sports.

(Entre parenthèses, je suis devenue une fanatique des sports depuis que j'ai décidé de m'y intéresser). Mais, si votre mari est fou des sports et que vous n'aimez pas les matchs, je connais votre problème. Naturellement, il y a beaucoup d'autres problèmes dont se plaignent les femmes, dont l'habitude des maris de fumer. Si vous êtes mariée à un fumeur et que vous n'aimez pas cette habitude, que pouvez-vous y faire ?

Choisissez une des solutions suivantes :

1. Grande ligne d'entrée en matière. Dites-lui : « Je n'aime pas te voir fumer (ou ce qui vous trouble). »

2. Une autre fois, mais avec plus de sentiment, répétez, avec une lenteur délibérée : « Je n'aime pas te voir fumer ».
3. Avec éclat, criez : « Je déteste te voir fumer ! »
4. Votre santé : Toussez et dispersez la fumée, puis quittez la pièce en haletant.
5. Sa santé : Faites lui parvenir la liste des causes du cancer, anonymement...
6. Le succédané : Cachez ses cigarettes et remplacez-les par des cigarettes en bonbon.
7. La force : Enlevez-lui sa cigarette la prochaine fois qu'il en allume une.
8. Le silence de la tombe : Ne lui parlez plus et ne lui allouez pas de *faveur matrimoniale* jusqu'à ce qu'il s'arrête de fumer.
9. Tous les items ci-haut mentionnés.

Toutes ces étapes ne sont que des efforts faits dans le but de changer votre époux. Si certaines étapes donnent des résultats, bravo ! Mais ces cas sont très rares, n'est-ce pas. Alors, que vous reste-t-il à faire ?

Il me semble que vous pouvez : (1) vous rendre tous les deux misérables pour des années en essayant de le changer contre son gré ; ou bien (2) essayer d'accepter ce qui vous ennuie.

A la base de toute relation humaine, il y a une acceptation d'autrui. Si votre mari ou votre ami a une habitude qui vous ennuie, une réaction négative de votre part peut être un indice de votre niveau d'acceptation de cette personne. Par exemple...

— *L'obésité :* Une résidente de l'ouest m'écrivit ainsi au sujet de son dédain envers les personnes trop grosses. Son problème était que son mari, obèse, avait gagné 60 livres depuis leur mariage et que tout cet excès de poids se logeait dans l'abdomen. Elle me disait : « Je n'ai eu aucun résultat en le harcelant et je ne sais pas si je pourrai changer mon attitude envers les personnes obèses. »

Si elle ne peut ni le changer ni changer sa propre attitude, le problème et le poids iront tous les deux croissant.

— *La folie des automobiles :* Une jeune femme se plaignait que son mari travaillait sur des autos, jour et nuit. « Je n'ai rien contre les autos mais depuis quelques temps Ronald ne sait plus quand s'arrêter. Il est absent tous les soirs jusqu'à minuit, depuis six mois et il oublie même de rentrer certaines nuits. C'est toujours la même excuse.

Normalement, les options sont les mêmes : (1) le changer si possible, ou sinon (2) l'accepter. Dans ce dernier cas, il pourrait y avoir une autre solution : qu'elle se rende personnellement à l'atelier de Ron, un soir.

De garde

Plusieurs femmes sont mariées à des médecins ou des dentistes et doivent s'adapter à des horaires irréguliers.

Certains hommes sont *de garde* presque tous les soirs. J'ai reçu une lettre d'une femme de dentiste, frustrée : « Souvent le téléphone sonne cinq fois après minuit et il part immédiatement porter secours à une personne qui s'est malencontreusement fait sauter les dents dans quelque étrange accident. Je commence à me sentir aigrie envers mon mari. »

Je sens qu'elle est en réalité fâchée contre les clients et contre l'horaire, mais elle en blâme son mari. Si son travail implique d'être disponible à toute heure, je comprends que la vie soit difficile pour elle. Mais pour lui aussi. Elle sera minée par la rancune à moins qu'elle ne s'adapte à son horaire.

Libre d'être

Que vous soyiez mariée à un amateur de sports enragé, à un médecin ou à un drogué du travail, le problème est le même : qu'allez-vous faire des manies inchangeables de votre époux ?

Si vous n'avez pas de succès pour changer le défaut majeur de votre époux (ou ami), puis-je vous recommander une deuxième option ? Acceptez-le comme il est, avec ce défaut. Cette suggestion peut vous faire sursauter, mais tout le reste ayant raté, qu'avez-vous à perdre ? Rien ! Voici pourquoi.

Premièrement, cette habitude négative de votre époux n'est peut-être pas du tout un défaut mais plutôt un intérêt pour quelque chose qu'il aime. Une veuve du golf m'a avoué avoir tout essayé pour garder son mari à la maison les fins de semaine, des cris jusqu'aux larmes, de l'amour jusqu'à la séduction, toujours sans succès. Elle me demandait : « Si je suis responsable de cette situation, que puis-je faire ? Mon mari peut-il ne pas en être responsable ? »

C'est possible, mais il est plus probable que personne n'est en faute. Il aime tout simplement le golf. Il n'y a pas de défaut - tout simplement un intérêt.

Deuxièmement, si vous croyez que votre mari ne sortira jamais de son trou, acceptez ce fait. Le journaliste Sydney J. Harris disait : « Le devoir le plus essentiel et le plus difficile à apprendre dans un mariage est celui de savoir quels défauts doivent être acceptés ou ignorés chez son partenaire. La plupart des ménages malheureux sont créés en essayant de changer les choses inchangeables. »

Troisièmement, lorsque vous acceptez votre mari comme il est, un poids énorme est enlevé de vos épaules. Vous cessez de mener une révolution ou de diriger un institut de réforme. Lorsque cette tâche est retirée, vos nuits d'insomnie s'envolent. Et vos journées d'inquiétude aussi.

Quatrièmement, cette acceptation produit vraiment des miracles. Une femme m'écrivit pour se plaindre que son mari buvait. Complètement désabusée, elle quitta finalement la maison avec son bébé le jour de l'an. « Je voulais le quitter pour toujours. Je le détestais lui et tout ce qu'il représentait. J'ai fait une demande en divorce. »

Après quelques semaines, elle repensa au tout et rentra à la maison pour une dernière tentative, mais malgré toutes ses bonnes intentions, elle recommença à le harceler. Il lui dit : « Si tu continues ainsi, je boirai plus encore ; mais si tu te tais, ça peut s'arranger ».

Elle se tut, et croyez-le ou non, il cessa de boire. Lorsqu'elle commença à l'encourager au lieu de le harceler, elle découvrit un nouvel homme. Pas un autre, mais bien son propre mari.

Naturellement, je réalise que tous les maris ne réagiront pas d'une façon favorable, mais je sais que l'acceptation permet à un homme d'être lui-même. Un pilote me disait : « Je me demande combien d'hommes pourraient rendre leur femme extrêmement heureuse, si seulement cette dernière leur permettait de donner le meilleur d'eux-mêmes ».

Une femme sceptique tenta *d'accepter* son époux et m'écrivit au bout d'un mois. « Le croirez-vous, me disait-elle toute réjouie, en deux jours il s'ouvrit à moi et commença à me parler. Il n'a même pas ouvert la télévision. Et non seulement sort-il les vidanges maintenant, mais il remplace même le sac à l'intérieur des poubelles. Tout cela semble peut-être insignifiant, mais pour moi c'est beaucoup ».

Une veuve de la pêche m'écrivait une histoire semblable. Son mari disait : « Il m'est plus agréable d'aller à la pêche en fin de semaine que de rester avec toi ». Lorsqu'elle perdit l'habitude de le harceler, il perdit l'habitude d'aller à la pêche. « Mon mari renaît ! Maintenant nous allons à la pêche ensemble, il a même complètement oublié les poissons pendant quatre jours de suite. Un miracle ! Je le crois ! »

Ce n'est pas drôle d'être marié à une femme qui vous harcèle sans cesse. Un mari divorcé m'écrivait qu'il n'avait jamais réussi à vraiment parler à sa femme ou à lui faire comprendre qu'elle le harcelait. Selon lui, elle ne lui permettait pas d'être indépendant comme il l'était naturellement. « Je n'écoutais toujours que la moitié de ce qu'elle disait car, je savais que l'autre moitié consistait en grognements. Si elle n'avait pas eu cette mauvaise habitude de quereller, nous serions encore ensemble aujourd'hui et nous pourrions partager les joies de la vie commune et de notre enfant, ce que je regrette de ne pouvoir faire !

La mégère apprivoisée

Maintenant que nous avons examiné les dangers du harcèlement, je crois honnête d'avouer ne pas avoir réussi à perdre cette habitude complètement. Le harcèlement est un problème qui me lancine toujours. Parfois, je suis affolée de remarquer à quelle vitesse je retourne à mes anciennes habitudes. Parfois, je grogne même après le fait.

Un soir, Charlie et moi nous étions couchés très tard ; nous avions tous les deux travaillé très fort et le sommeil nous prit dès que nous fûmes au lit.

Soudain, j'entendis un chien aboyer comme au fond de mon sommeil ; le bruit venait juste de sous la fenêtre de notre chambre. Nous n'avons pas de chien, mais sans doute qu'il s'agissait d'un chien égaré poursuivant un écureuil ou un chat.

J'ai secoué Charlie qui était toujours endormi et j'ai dit : « Charlie, va faire taire ce chien ! » Il murmura quelque chose d'incohérent, sortit du lit, enfila son pantalon, et quitta la chambre.

Le chien se tut. Charlie revint, se glissa sous les couvertures, se tourna sur le côté et retomba dans les bras de Morphée, instantanément.

Environ vingt minutes plus tard (ou je ne sais trop) le même aboiement me réveilla de nouveau. Et encore cette fois il provenait juste de dessous notre fenêtre.

Je réveillai Charlie et lui dis où aller. Je l'entendis de nouveau murmurer quelque chose dans la pénombre ; il enfila son pantalon, se heurta au bureau, trouva son chemin à tâtons. Puis j'entendis une pierre tomber sur du bois. Des pleurs de chien.

Enfin le silence, ce délicieux silence.

Charlie revint, enleva son pantalon, se faufila sous les couvertures sans un mot, puis s'endormit de nouveau. Moi, je ne pus me rendormir tout de suite.

Je ne sais combien de temps j'ai pu dormir, mais cet aboiement tant craint reprit. ARF, ARF, ARF.

Cette fois j'allais en devenir folle. J'étais tellement épuisée, et le lever du jour approchait. Mes nerfs étaient à vif.

Secoue Charlie... Des murmures... Enfile le pantalon... Cogne le bureau. Claque la porte... Pierre sur bois... Bois sur bois... Des pleurs de chien.

Silence.

Aie ! Cette fois-ci c'était Charlie qui s'était heurté les orteils sur l'arrosoir.

ARF, ARF, ARF.

La porte claque. Charlie rentre. Boitant. Murmurant. Le pantalon tombe. Aie ! C'est fini. « Je dors. »

ARF, ARF, ARF, ARF. Je n'ai pas dormi le reste de la nuit et le chien n'a pas cessé d'aboyer. J'étais si fatiguée et si enragée contre ce chien et Charlie, que je n'ai jamais pensé à agir moi-même pour faire taire ce chien.

Le rêve impossible. L'inévitable toutou.

Lorsque je suis descendue au salon au lever du jour, Charlie dormait sur le sofa avec un oreiller sur la tête. « Eh bien. Commençai-je, pourquoi n'as-tu pas fait taire ce stupide chien ? Pourquoi n'as-tu rien fait ? » J'étais très fatiguée et aigrie. J'ai gueulé jusqu'à son départ pour le travail et repris dès sa rentrée le soir.

Charlie était épuisé de sa chasse nocturne, lui aussi. Il s'affaissa dans un fauteuil et dit : « S'il te plaît, assieds-toi et écoute. Premièrement, j'ai tenté de faire taire ce sale cabot par trois fois la nuit dernière. Je lui ai lancé des pierres. Je lui ai lancé des bâtons. Je l'ai poursuivi partout dans le jardin et je me suis blessé un orteil. Je n'ai pas dormi de la nuit moi non plus. Puis, je rentre au petit déjeuner et découvre que les aboiements se poursuivent encore.

Deuxièment, regarde ! J'ai tenté de faire taire ce chien la nuit dernière. Maintenant c'est terminé. Alors, veux-tu cesser de me quereller pour une chose terminée ».

Je le harcelais *après le fait,* et j'ai dû l'avouer : c'était inutile. Il m'est difficile de me taire. Je dois avouer me mordre la langue souvent. Je ne veux pas dire que je n'exprime jamais mes sentiments à Charlie et que je ne lui dis jamais ce que je pense, mais après un certain temps, j'essaie de clore la discussion. Si j'ai un besoin émotif de geindre, j'appelle une compagne qui n'est pas impliquée personnellement. Lorsqu'elle est absente, elle m'a suggéré d'appeler le numéro pour avoir l'heure et la température : *Ils écoutent tout.*

L'acceptation peut réaliser des choses que le harcèlement ne peut obtenir. Tammy Johnson m'écrivit pour me relater comment elle avait harcelé son mari sans cesse ; mais quelques mois après le divorce, elle l'appela pour reconnaître ses torts dans leur séparation. Il fut surpris, si surpris qu'il commença à sortir de nouveau avec elle et après quelque temps, il lui demanda de l'épouser de nouveau. Elle dit : « Je ne te harcèlerai pas cette fois. J'utilise la Bible comme guide dans le but d'être la meilleure épouse possible ». Je suis certaine qu'il trouvera son deuxième choix préférable !

« Toute bonne épouse a besoin de patience et j'ai l'intention de perfectionner cette qualité. L'orage s'est éloigné. Grâce à mon acceptation totale, je peux finalement voir l'arc-en-ciel ».

4 *Admirer*

C'était le vendredi après-midi, et Monsieur Déprimé jeta un coup d'oeil à l'horloge avec une joie mitigée. Après une semaine longue et ardue, il était content de voir le vendredi arriver finalement. Il avait hâte de prendre une douche chaude et un bon dîner chaud, mais avait la hantise d'affronter une femme indifférente.

Le vendredi après-midi annonçait une longue fin de semaine à la maison où un mal de tête en remplaçait un autre. Il pensa : « Il manque quelque chose ». La solitude l'emplit par vagues. Quelque part, il doit y avoir une personne pour l'admirer, même si sa femme en est incapable.

Le crépuscule

Thoreau disait : « La majorité des hommes mènent des vies de désespoir non exprimé ». Ce soir, partout en Amérique, il y a des gens comme M. Déprimé qui ressentent les mêmes besoins, la même solitude et ce même désespoir silencieux. Depuis la plus tendre enfance et tout au long de sa vie un homme est reconnaissant pour les compliments qu'il reçoit sur ce qu'il fait ; et qui n'aime pas ce genre d'admiration ? Les femmes les aiment aussi !

Regardez n'importe quel album-souvenir. Qu'y a-t-il en première page ? Un diplôme de l'école maternelle ou une dictée sans erreur et arborant une belle étoile dorée. Au fil des pages, on trouve les diplômes d'honneur de l'école secondaire, les prix d'athlétisme et les rubans, les découpures de journaux. Certains maris gardent la veste aux initiales de leur école, toute leur vie.

Si votre mari était un homme important sur le Campus, il a probablement toutes sortes de trophées, de prix, et de souvenirs. Avez-vous remarqué comme les gens feraient n'importe quoi pour être une vedette ? Les entraîneurs de football donnent maintenant des étoiles après chaque partie. Si vous regardez une partie de football collégial un samedi, vous remarquerez les étoiles collées sur les casques des joueurs. Imaginez cela : des hommes adultes qui portent des étoiles à leurs casques ! Mais tout le monde a besoin d'admiration et il semble que la récompense soit méritée après ces longues heures, semaines et parfois mois de travail.

Les services militaires reconnaissent les succès et les rangs atteints avec des galons et des étoiles. Les organisations d'affaires et les clubs sociaux ont des dîners d'honneur, des compétitions du *vendeur-du-mois* et des prix du *plombier-du-jour*. Tous ces divers moyens d'exprimer l'admiration sont pris dans le but d'offrir une certaine reconnaissance et de motiver les employés à atteindre des niveaux encore plus élevés.

Un homme essaie de combler ce besoin d'admiration de maintes façons. S'il s'agit d'un chasseur de têtes de l'Amazonie, il étale ses succès sur les murs de sa hutte ! Des têtes réduites, des dents de sangliers et les cornes d'animaux féroces qu'il a tués personnellement.

S'il s'agit d'un chasseur de têtes de la jungle d'Atlanta, il étale des poissons empaillés, une tête d'orignal, des certificats d'appréciation et le trophée de deuxième place dans la ligue de quilles du quartier.

Des revues spécialisées misant sur la vanité des hommes qui aiment voir leur nom imprimé et leurs succès étalés, noir sur blanc, sont devenues aujourd'hui des affaires lucratives.

Ces propriétaires de journaux allèchent les membres de certains groupes avec des titres ronflants pour vendre leur publication. Les titres vont de : « Qui est en Islande ? » à « Qui est là ? »

Mais un homme a besoin du respect et de l'admiration de sa femme plus que de toute autre personne. Vous pouvez faire de votre mari minable un *gros bonnet* tout simplement en l'encourageant sincèrement. Vous pouvez en faire votre vedette préférée dès ce soir.

La tombe de l'époux inconnu

Dans une ville d'importance, vous pouvez téléphoner pour entendre des messages enregistrés pour hommes seuls. Une chaude voix de femme énonce des messages comme « Vous êtes l'homme le plus formidable que j'ai rencontré ». Puis après une pause, pour l'effet, elle poursuit dans un souffle : « Je me demande si votre épouse réalise combien elle est chanceuse ». Puis doucement : « Moi je le sais ! »

Tout comme les femmes, les hommes aussi sont parfois malheureux de vieillir. Au fur et à mesure que votre mari vieillit, il a de plus en plus besoin de votre admiration. Chez lui aussi, l'apparence physique prend de l'importance. Lorsque la tête devient chauve et le ventre plus important, il se pose la question : « Me trouve-t-elle toujours aussi attrayant ? » Même s'il a toujours l'allure d'un bel Adonis, il manque peut-être d'assurance sans vos compliments.

Une de mes bandes dessinées favorite montre un couple sur le perron, le matin. La femme en robe de maison et les rouleaux sur la tête ; le mari semble marcher vers le chemin. La légende du dessin parle pour le mari : « Donne-moi une petite poussée. Un petit compliment nouveau et sincère suffirait ! »

J'ai souvent besoin d'une petite poussée moi aussi. Lorsque Charlie me dit que mon travail a été excellent, je sens soudainement en moi une énergie nouvelle. J'ai le même pouvoir pour le remonter lui aussi. Qu'est-ce qui pourrait être plus facile pour exprimer mon amour qu'une petite phrase ensoleillée ?

Plusieurs femmes m'ont écrit pour me faire part de la réaction incroyable de leur époux à un petit compliment à la fin de la journée. Que ce soit le matin, le midi, l'après-midi ou le soir, un homme ne peut recevoir trop de compliments ! Un homme, une femme : un être humain !

Qu'est-ce qui pousse un homme à devenir responsable et à réussir dans la vie ? Quelle est la source d'inspiration qui aidera un homme à demeurer stable, fidèle et amoureux de sa femme et de sa famille ?

Pour certains, la satisfaction de l'accomplissement est une source importante de motivation. D'autres sont entraînés par l'orgueil insatiable de leur vocation. Ils luttent contre une concurrence serrée et relèvent le défi de donner tout ce qu'ils peuvent. Mais soyons honnête, pour la plupart des hommes la vie quotidienne est ardue. Il n'y a pas l'excitation de la concurrence, pas d'orgueil dans la *performance* au travail. Ce n'est que le même travail à répéter.

En termes plus poétiques, l'admiration peut remettre un peu de piment dans la vie de tous les jours, peut faire briller les yeux du mari et peut faire battre son coeur plus fort. Il osera rêver de nouveau et croire en sa capacité, car vous lui aurez tout simplement dit qu'il pouvait réussir.

J'ai entendu parler d'un mari qui devint un drogué du travail tout simplement par manque d'admiration. Lorsque sa femme commença à lui dire combien il paraissait bien lors de son départ pour le travail, il s'arrêta et dit : Réalises-tu qu'il s'agit là du premier compliment en vingt ans ? » « Quel dommage ! Il se souvenait même de cette unique fois et en tenait compte tout au long des années.

Si un mari requiert de l'admiration, pourquoi la femme hésite-t-elle souvent à lui en montrer ? Pourquoi serait-ce une menace d'admirer son mari ? On prononce trop souvent les paroles les plus gentilles après la mort d'une personne alors qu'elle n'est plus là pour apprécier l'éloge.

Tout comme le disait l'humoriste Berton Braley :

FAIS-LE DÈS MAINTENANT

Si vous regardez avec plaisir tout le travail d'un homme
Si vous l'aimez ou l'adorez, dites-le lui tout de suite ;
Ne retenez pas vos compliments jusqu'à l'éloge du prêtre
Alors qu'il reposera en un doux sommeil éternel ;
Car alors il n'aura plus besoin de vos compliments même criés à haute voix.
Il ne saura le nombre de larmes versées par vous.
Si vous voulez lui offrir des éloges, faites-le dès maintenant,
Car les morts ne peuvent lire les inscriptions sur leur pierre tombale !

Mon égo et moi

Une épouse peut en fin de compte, renverser la situation, car elle est la seule à pouvoir rehausser la confiance de son mari. Et souvent, elle s'y refuse. Pourquoi ? Les raisons sont multiples.

Béa trop occupée a tant de choses à faire qu'elle n'a pas le temps. « Je suis responsable de la vente de billets pour le bal de charité, me disait-elle, et en plus, mes après-midi sont remplis par les guides, la ligue de baseball et les cours de céramique. Lorsque j'arrive à la maison, je suis fatiguée. Je ne veux même plus parler à qui que ce soit, encore moins m'installer et *lui* parler d'admiration !

Moi, d'abord - D'autres femmes sont incapables de prendre l'initiative. « Quoi ? me disait Ruth, et pourquoi ne me complimenterait-il pas lui ? Je m'occupe de recherche à l'hôpital. Mon énergie est utilisée dans le but d'aider l'humanité. Qu'il me complimente le premier ! »

Admirer quoi ? Certaines femmes ne peuvent exprimer leur admiration car elles ne savent où commencer. « Je ne sais pas, me disait une femme, il ne semble plus y avoir grand-chose entre nous maintenant. Je veux dire : que pourrais-je admirer si je le voulais ? » Moi, je ne sais pas, mais elle a certainement trouvé quelque chose de bien en lui si elle l'a épousé.

Le super-étalon - Finalement, certaines femmes refusent d'admirer leurs maris car elles les trouvent déjà très conscients de leurs propres atouts. Une épouse me disait : « J'ai épousé un homme très attrayant et il le sait ! Il s'aime à la folie ! »

Lors d'une émission de la série *Tomorrow* au réseau NBC, Tom Snyder, l'animateur, demanda à Bobbie Evans et à moi-même comment affronter ce même problème. Comment Bobbie pouvait-elle exprimer son admiration pour son mari, Norm, alors grand champion de football avec les Dolphins de Miami. L'emploi du temps de Norm était partagé entre six mois de football et six mois de conférences. Ses jours de congé, il les passait à la pêche avec ses *copains.* Norm était devenu un étranger pour Bobbie. Elle avoua : « J'étais si fâchée que je congelais les restants pour m'assurer qu'il n'ait rien à manger en rentrant. Des compliments ? Il avait déjà un égo monstrueux ! Tout le monde faisait toujours grand cas de son corps merveilleux ; si j'avais commencé à lui exprimer mon admiration il serait devenu impossible ».

Lors d'un match, elle regarda Norm passer la ligne et devancer Larry Csonka (alors avec les Dolphins). Elle réalisa soudain que Csonka et Bob Griese ne complimentaient pas Norm, ils ne disaient pas « Hé Norm ! quelles épaules tu as ! » Elle réalisa aussi qu'il y avait beaucoup de poulettes à la porte des vestiaires, toutes prêtes à admirer le merveilleux corps de Norm.

Bobbie décida alors de commencer à le complimenter. Elle exprima ses sentiments, et retrouva son Norm. Un soir il lui avoua : « Tu sais, Bobbie, non seulement es-tu mon épouse et ma maîtresse, mais tu es aussi ma meilleure amie ! » Et vous savez ce qu'il a fait ? Il a cessé d'aller à la pêche tous les lundis.

Que votre mari soit champion de Ping-pong au YMCA ou bricoleur émérite il a besoin de votre appui. Il a besoin de votre admiration. S'il se donne des grands airs, c'est peut-être parce qu'il essaie de suppléer au manque d'admiration de votre part. Le tact est la capacité de voir les gens comme ils se voient eux-mêmes.

Crac ! l'égo s'est envolé

J'ai remarqué qu'en tout temps je conditionne les gens autour de moi, soit de façon négative ou positive. Il en est de même pour tout le monde. J'ai aussi remarqué qu'il est plus facile d'avoir une attitude négative que positive.

Nous commençons toujours par lire les histoires horribles à la première page du journal et de là, c'est habituellement la dégringolade. L'ancien juge Earl Zarren disait :

« Je lis toujours la page des sports en premier. La page des sports annonce les résultats des gens ; la première page du journal ne note que les faiblesses humaines. »

Chaytor D. Mason, psychologue-clinicien à l'Université de Californie du Sud écrivait : « Jadis, la presse bâtissait des héros. Maintenant elle les démystifie. »

Lors d'une émission sur les sports d'hiver à la télévision, je fus surprise de remarquer que les producteurs choisissaient de représenter, non les moments rares démontrant des performances magnifiques et incroyables, mais plutôt les failles, les erreurs et les moments d'embarras.

Un article du *U.S. News and World Report,* intitulé *Le héros américain en voie d'extinction,* demandait pourquoi Neil Armstrong n'avait pas été l'objet de l'idolâtrie universelle au même titre que Charles Lindbergh. « Pourquoi Babe Ruth conserve-t-il sa niche sacrosainte dans le monde du baseball alors que ce niveau est inaccessible à Henry Aaron, un frappeur de marque qui surpassa le record de Babe Ruth pour les coups sûrs ? »... Nous remplaçons les Caruso, les Chaplin, les Pavlova ou les Ellington par des vagues de vedettes aussi minables qu'un feuilleton télévisé de qualité inférieure.

Il est à la mode aujourd'hui de détruire les gens. Si les paroles pouvaient blesser physiquement, tout le monde vivrait sous les soins intensifs. Un reporter a admis qu'il écrivait sa chronique quotidienne avec un *cynisme pervers terrible.*

Et bien ! Ce n'est pas pour moi tout ça ! Je préfère rechercher les bonnes nouvelles et les influences positives dans ma sphère. Cet enthousiasme naturel m'entraîne à être positive avec mon époux.

Comment faire de votre no. 1, le Premier

Avez-vous déjà rêvé de voir votre mari devenir président de sa compagnie ? ou propriétaire de son propre commerce ? ou le meilleur fermier de la région ? ou contremaître de l'atelier ?

Vous pouvez prendre part à la réalisation de ce rêve. Voici comment commencer :

1. Soyez sincère dans votre admiration. Le mot compliment vient du latin et signifie *remplir.* Flatter ou exprimer des compliments non sincères ne peuvent qu'irriter, mais une admiration réelle donne de l'assurance.
Une dame qui ne trouvait pas son mari particulièrement beau commença à rechercher des choses à admirer en lui. « J'ai découvert des qualités auxquelles je n'avais jamais pensé auparavant. Maintenant que je l'admire, il est devenu l'homme le plus attrayant de la terre ».

2. Admirez son corps. Regardez votre mari avec ses yeux. Savez-vous ce qu'il a vu dans le miroir ce matin alors qu'il se préparait à partir travailler. Il ne voyait pas son bedon ou ses cheveux clairsemés, mais un jeune homme de 18 ans, solide et bien coiffé. En admirant sa ligne dans le miroir, il se disait : « Quel tigre je fais ! »

Il veut que vous le voyez ainsi. Dites-le lui ce soir. « J'admire ton... » vous serez peut-être surprise des résultats !

Une épouse de New York, mariée depuis à peine deux ans, admit que son mariage était en danger à cause d'elle. « Je veux ceci et cela, etc... Je le harcèle tout le temps. » Elle trouvait son mari maigrichon et dégoûtant, toujours collé devant la télévision avec une cigarette pendue aux lèvres. Mais lorsqu'elle commença à admirer ses qualités, elle connut des résultats instantanés. Il s'arrêta de fumer, prit vingt livres et *paraît aujourd'hui très bien.* Elle se réjouissait : « Nous sommes comme de jeunes tourtereaux à nouveau, j'admire sa nouvelle silhouette de plus en plus et je découvre que la vie est pleine de surprises ».

Une autre femme stimula son mari avec un seul compliment. Il rentrait tous les soirs du travail et mettait la même robe de chambre courte en ratine, puis s'éteignait pour la soirée. Un soir elle lui dit : « Si tu n'avais pas des jambes si sexy je ne pourrais tolérer la chose un instant de plus ». Le soir suivant, son mari mit une robe de chambre neuve. « Pour un homme qui n'avait pas désiré m'embrasser depuis quatre mois, quel changement ! écrivait-elle. Il me fit l'amour trois jours de suite et maintenant il dort avec ses bras autour de moi tous les soirs. »

3. Admirez ses succès. Le principe de l'admiration n'est pas bon seulement pour les maris, mais aussi pour les enfants, les amis et tous les gens que vous rencontrer. Lors du congédiement d'un entraîneur, l'un des joueurs dit : « Il critiquait toujours facilement mais ne savait pas exprimer un compliment ».

Un agent d'immeubles en Floride désirait acheter du terrain d'un important propriétaire foncier, mais il n'avait pas eu l'occasion de rencontrer le propriétaire en personne. Finalement, il réussit à avoir un rendez-vous de dix minutes pour présenter une offre. Sachant combien le temps serait précieux, il arriva en avance avec une offre bien préparée. A l'heure assignée, on le présenta au monsieur d'un certain âge. Il remarqua un hibou empaillé sur son bureau et s'exclama : « M. Jones, quel merveilleux hibou ! » M. Jones sourit puis s'adossa et prit la parole. Après une discussion de deux heures et un dîner, l'agent sortit avec un contrat pour un important lot de terrain.

Le principe de l'admiration aide en affaires aussi bien qu'à la maison.

Des tas de compliments

C'était la dernière journée d'école et la fillette aux

cheveux roux ignorait toujours Charlie Brown. Elle n'en connaissait même pas l'existence. Charlie demanda à Lucie : « Sais-tu pourquoi la petite fille aux cheveux roux m'ignore toujours ? Parce que je ne suis rien ! Comment peut-elle me remarquer si je ne suis rien ! »

Lucie lui demanda : « Pourquoi ne choisis-tu pas de me parler ? J'ai été la reine de Noël. Eh ? Charlie Brown. Pourquoi, eh ! pourquoi ? »

Plus tard, dans le courant de l'après-midi, il trouva une note dans son vestiaire : « Je t'aime », signée « la fille aux cheveux roux ».

Charlie était fou de joie et cria, « Oh là ! personne ne rira de moi maintenant. Attendez au mois de septembre ».

Votre mari veut ce même empressement. Ne le faites pas attendre jusqu'au mois de septembre. Donnez-lui une bonne raison de se lever demain matin !

Lorsqu'une épouse commence à admirer son mari avec amour, les résultats sont foudroyants.

Une dame du Texas m'écrivait : « Mon mari mesure cinq pieds six pouces mais semble en mesurer dix lorsque je parle à nos amis de sa récente promotion ».

Un veuf m'écrivait aussi combien l'admiration est communicative. L'attitude amoureuse de son épouse lui avait laissé un souvenir tendre et il énumérait ses diverses qualités. Intelligente, avec une maîtrise en chimie, elle était douce, gentille et toujours joyeuse au jeu ou au travail. Elle l'admirait toujours, le complimentait et lui laissait savoir à quel point elle l'aimait.

« J'ai essayé par tous les moyens de lui rendre son amour, m'écrivait-il, elle me rendait la tâche si facile. Elle me manque encore et son départ fut la plus grande perte de ma vie. Pendant trente-deux ans, elle m'offrit des tas de compliments qui me maintenaient dans les nuages. Nous n'avons jamais eu le temps de penser au divorce. Nous étions trop occupés à être heureux ».

5 *S'adapter*

La lettre commençait ainsi. « J'ai passé à un cheveu de mettre fin à une union de trois ans. Mon mari annonça soudain l'autre jour au dîner que nous devrions tous les deux sortir dans le jardin, trouver un coin puis nous heurter tête contre tête comme deux boucs forcenés, car c'est exactement ce que nous faisions ».

Trois ans avant, le pasteur leur avait dit que « les deux ne deviendraient qu'un » c'est alors que tous les problèmes ont commencé !

Comment peut-on unir deux égos, celui de l'homme et celui de la femme ? Lequel survit à la fusion ? Comment l'amour éternel peut-il se transformer en prison mortelle ?

Avant le mariage, bien des femmes s'imaginent que leur futur mari sera toujours d'accord avec tout ce qu'elles disent et qu'il n'y aura jamais de choc des idées. Malheureusement, pendant qu'elles croient mener la barque, ils ont aussi la même idée.

Après le mariage, un couple peut affronter pour la première fois le Monstre des conflits : une création de leurs efforts conjoints se nourrissant de leurs opinions opposées. Deux opinions différentes peuvent s'affronter sur tous les sujets et c'est habituellement ainsi pour décider : où habiter, comment dépenser son argent, comment élever les enfants, où aller dîner, etc.

Il en résulte que les maris et les femmes prennent des voies différentes au lieu de se rapprocher de plus en plus. Peut-on vraiment fusionner deux opinions, et si oui, comment ?

Le défi du mariage est de fusionner ces deux égos de façon à voyager au-travers de la vie avec un minimum de friction. L'adaptation est un moyen simple de résoudre le problème des affrontements de deux égos au sein d'un ménage. Les Écritures Saintes qui nous ont donné le principe qu'une maison divisée ne peut survivre, ont aussi ajouté que : « Les femmes doivent s'adapter à leur époux ».

Affrontements

Le concept de l'adaptation de l'épouse au mari est probablement l'aspect de la vie le plus difficile pour moi. Ce concept est aussi probablement l'un des plus discutés de la Bible d'où vient son origine. Je dois avouer n'avoir aucun droit d'auteur sur ce concept, et de plus je dois reconnaître avoir souvent dévier de cette route, souvent pour mon propre désarroi. Je crois sincèrement en la vérité de la Bible et je sais que ma force, ma joie, et mon bon sens proviennent du fait que je la lis tous les jours. Cependant, je ne peux ignorer le principe de l'adaptation, même si parfois je préférerais crier plutôt que de le mettre en pratique.

Même le mot *adapter* est comme une explosion. Je trouve qu'il entraîne toujours une réaction soudaine et violente, dépendant naturellement de la compagnie et du degré d'hostilité.

J'ai été critiquée et même ridiculisée pour ma suggestion. Un psychiatre m'a dit que les critiques provenaient souvent de femmes aigries à la suite d'un mauvais mariage. Leur hostilité est dirigée vers moi lorsque je leur suggère un peu de soumission. Je peux comprendre leurs sentiments.

Dans d'autres cas, les critiques sont basées sur une mauvaise interprétation du vrai sens de l'adaptation. Cela n'a rien à voir avec la carrière d'une femme. Elle peut choisir de concourir avec qui elle veut dans le domaine de son choix. Elle peut devenir présidente de la compagnie avec le salaire le plus élevé. Le principe d'adaptation d'une femme à son époux tel qu'énoncé dans les Écritures Saintes n'a rien à voir dans les relations avec les autres hommes de la terre. Ce principe, plus que tout autre, peut être celui qui fait ou brise un ménage. Étudions donc ce concept d'importance primordiale qui est si souvent mal compris.

Compromis ou conflits

Un vendredi après-midi Charlie m'annonça qu'il avait prévu une partie de pêche avec des copains pour le lendemain. J'avais déjà fait des arrangements pour jouer au tennis le samedi afin de me mettre en condition en vue du tournoi de la semaine suivante.
Question : Que devrais-je faire ? Devrais-je lui dire « Ta partie de pêche semble merveilleuse chéri. J'annule ma partie de tennis immédiatement. » Dois-je amorcer l'hameçon ?

Non, et cent fois non ! Ce samedi Charlie est allé à la pêche toute la matinée et j'ai joué au tennis. Nous avons tous les deux fait ce que nous désirions faire. Charlie ne m'avait même pas invitée. Nous avons simplement fait à notre tête tous les deux.

Si Charlie avait voulu jouer au tennis avec moi ce jour-là, ou si j'avais voulu aller à la pêche avec lui, parfait. Tant que tous les deux nous sommes satisfaits, tout va bien. Il n'y a pas eu de problème d'adaptation. Une semaine plus tard. Même scène.

Le vendredi soir. J'étais excitée au sujet du tournoi de tennis du lendemain. Au dîner, Charlie me dit : « Les Parker arrivent demain en ville pour deux jours ».

Je réponds. « Oh ! merveilleux ».

« Je leur ai dit que nous irions à la pêche avec eux demain », me dit-il.

Je pense, oh ! oh ! et j'essaie désespérément de garder mon calme.

Question : Que devrais-je faire ? Devrais-je lui dire ? « Oui, mon chéri, je ne peux concevoir meilleure chose pour demain. Je cherchais justement une excuse pour cet affreux tournoi de tennis de demain ».

Il avait peut-être oublié que je m'étais inscrite pour le tournoi il y a déjà six semaines et que je désirais jouer. J'ai pensé un instant : « Que pourrais-je lui dire. » Puis, je me suis écriée d'une voix aussi douce que possible.

Nous avions atteint le premier stade d'une controverse. Nous nous affrontions. Charlie voulait que j'aille à la pêche le samedi et j'étais décidée à jouer au tennis. Le *Monstre des conflits* était en formation. Les ingrédients : deux personnes avec deux idées ou plus au sujet d'une décision, et qui ne peuvent se mettre d'accord.

Point de départ

Une discussion s'ensuivit. En fait, pendant les deux heures suivantes, nous avons discuté du sujet, et ni l'un ni l'autre ne lâchait d'un pouce.

En fait, le mot discussion est assez libre pour décrire notre activité. Nous nous affrontions. Nous nous battions.

Nous nous battions réellement. J'ai essayé un compromis. « Pourquoi ne pas jouer au tennis le matin et aller à la pêche l'après-midi ? » Ce n'était pas possible. J'ai essayé tous les compromis possibles, mais ce soir-là, ce n'était pas possible !

J'ai pensé céder à ses désirs mais j'ai refusé rapidement. Nos positions se sont fixées. Je voulais jouer au tennis, mais je voulais son accord aussi.

Charlie alla dans la chambre puis prit une longue douche. Vingt minutes plus tard environ, il dit : « Écoute chérie, je sais que tu veux vraiment jouer au tennis. Les Parker comprendront et je comprends ».

Étant donné que Charlie a cédé, je n'ai pas eu besoin de m'adapter à sa demande. La discussion s'est réglée au niveau du compromis. Il s'est ravisé.

Souvent cette période de compromis est très animée et les esprits sont échauffés chez nous, et ceci, pour de longues périodes de temps dans notre tentative de résoudre le problème. Naturellement, Charlie ne cède pas toujours à ce niveau-ci en changeant d'idée.

Je me souviens d'un pareil cul de sac à Noël dernier au sujet de la couleur du sapin. Charlie voulait l'arroser de neige blanche, je voulais le laisser naturel.

Il finit par être blanc.

J'ai mal accepté l'idée de Charlie. Il aspergea tout simplement l'arbre malgré mes objections. J'étais fâchée avant qu'il ne l'arrose, je fus fâchée après qu'il l'eut terminé ; et je fus fâchée tout au cours de l'opération.

Finalement, je me suis ressaisie dans notre chambre à coucher et je me suis parlé fermement. « Écoute, me suis-je dit, Charlie est plus important que cet arbre. Quelle différence y a-t-il dans le fait que l'arbre soit blanc ou vert ? » (J'ai mis un temps fou à m'adapter à ce Noël tout blanc, plus de temps qu'il ne vous en faut pour lire ce paragraphe, mais je vous éviterai mes heures d'angoisse).

Jusqu'où ?

Si vous m'entendiez à la maison vous penseriez probablement : « Quelle pie ! » Comme tout le monde, moi aussi, j'ai une opinion sur presque tous les sujets. Charlie et moi discutons sans cesse et parfois nous crions. Je crois à l'égalité des chances et au franc jeu. Je crois au drapeau, à la maternité et aux concessions. Nous essayons de régler tous nos problèmes grâce à des concessions, mais parfois le compromis est impossible à réaliser.

D'autres que nous, ont admis la même chose en ce domaine. Par exemple, Arlene Francis me raconta un conflit insoluble qui eut lieu plus tôt dans son ménage. Son mari lui dit qu'il pourrait être muté à Los Angeles. Elle était jeune et ambitieuse et ne voulait faire que du théâtre, dont la *Mecque* est à New York. Elle ne voulait pas vivre en Californie et manquer des occasions importantes. Au milieu de sa plaidoirie pour rester, son mari lui demanda : « Jusqu'où irais-tu avec moi, Arlène ? »

La question était Los Angeles ou New York. Dans ce cas, il n'y avait pas de *compromis* possible ; St-Louis ou Phoenix ne pouvait remplacer. En fait, son mari n'a jamais été muté et ils demeurèrent à New York.

S'il y a deux solutions possibles, le problème se résout avant d'aller trop loin. Mais lorsqu'il n'y a qu'une solution, que fait-on ? Lorsque le conflit (première étape) ne peut être résolu par un compromis (deuxième étape) que doit-on faire ?

Lorsqu'un couple arrive à un embranchement sur la route du mariage et qu'il ne peut remettre la décision à plus tard, il y a habituellement deux voies à suivre, celle de l'époux et celle de l'épouse.

Avant l'avènement de la *Femme totale,* Charlie et moi étions en désaccord quant à couper ou ne pas couper un petit arbre devant la maison. Il n'y avait pas de compromis possible : l'arbre restait ou disparaissait. Je savais qu'il le voulait et moi, je le détestais.

Un jour, après son départ pour le travail, j'ai pris sa hache et coupé cet arbre rabougri. Le soir, avec les paroles de la chanson de Frank Sinatra « A ma façon » dans la tête, j'ai tout avoué à Charlie. En réalité, je n'ai pas eu à le confesser. Il remarqua la chose en arrivant à la maison.

Des semaines passèrent avant que nous ne soyions redevenus amis.

Lorsqu'on fait les choses *à sa façon,* les conséquences peuvent être graves. Si une femme accepte un emploi dans un état différent alors que son mari reste à la maison, sa décision peut lui coûter son mari. Dans mon cas, les conséquences ne furent pas graves car la cause était mineure. J'ai coupé un arbre, je ne faisais que ce que j'avais fait depuis six ans, agir *à ma façon.* Il ne s'agissait pas là d'un conflit homme-femme mais surtout d'un conflit entre deux égos, seulement ma façon était égoïste.

Et à chaque fois que je coupais un arbre au sein de notre ménage, je devenais un peu plus seule et malheureuse. J'ai fini par détester de toujours faire les choses à ma façon. Je n'étais pas heureuse même lorsque j'obtenais ce que je voulais, et certainement pas heureuse face à la possibilité de divorcer. « Ma façon » était une rue à sens unique. Que me restait-il à faire ?

Les Saintes Écritures donnent des directives précises aux épouses : « Soyez soumises, soumises et adaptées à vos maris ».

Ce principe a ses racines dans l'héritage Judéo-Chrétien, en commençant par la Genèse, chapitre 3. Le mari était le prêtre de la famille, nommé par Dieu. Il était seul responsable pour diriger la famille. Les milliers d'années depuis n'ont rien changé à l'autorité des Écritures Saintes ni à la validité du principe.

Je trouve cependant plus facile de parler de ce que devrait faire une épouse que de le faire, et surtout dans ce domaine. Pour paraphraser Shakespeare : « S'il était aussi facile de faire qu'il est facile de savoir, les pauvres vivraient dans des châteaux ».

Tout comme les femmes un peu partout, je réagis parfois violemment à l'idée de m'adapter à mon époux. Je connais le principe à fond, mais souvent je passe outre pour deux raisons.

Premièrement, j'ignore le principe parce que je suis têtue, opiniâtre, et parfois même colérique avec mes propres idées. Avant de me marier, j'ai vécu seule et me suis fait vivre pendant neuf ans. J'adorais mon indépendance et j'aimais être mon propre patron, de plus je détestais me faire dire quoi faire. Dès qu'une personne essayait de m'imposer son point de vue, je résistais naturellement. J'avais mes *droits.* J'avais peur d'être contrainte et prise au piège. Même maintenant, après douze ans de mariage, ces sentiments me reviennent aux heures de conflit.

Deuxièmement, je résiste à l'adaptation parce que je crois avoir la meilleure idée. Souvent elle l'est et ça rend la situation encore plus pénible.

Mais, même si je déteste l'idée d'adaptation, je suis certaine que Dieu le veut ainsi ; ma responsabilité envers Dieu et envers mon époux est de le laisser me prendre en charge. Même si cela me trouble, j'essaye de me soumettre.

Heureusement pour moi, le principe est rarement appliqué. Charlie et moi arrivons à solutionner nos problèmes au niveau du compromis. Parfois cinq minutes, d'autres fois cinq heures et même parfois cinq semaines nous sont nécessaires. Il y a peu de situations sans solution, mais lorsque nous en affrontons une, j'ai un moyen de la solutionner.

Les principes d'adaptation et d'acceptation (dont nous avons parlé plus tôt) sont proches parents. Un principe parle de l'acceptation de la personne telle qu'elle est, et le deuxième parle de l'adaptation. Je m'adapte lorsque je décide de voir les choses à sa façon. Si je m'adapte avec une arrière pensée, je triche. Parfois, lorsque je décide de céder, je suis furieuse et Charlie le sait. Mais malgré tout, c'est moi seule qui décide de mon choix.

Le Petit Chaperon Rouge

Une femme irritée écrivit récemment pour me demander : « Pourquoi essayez-vous d'imposer vos idées ridicules aux femmes d'Amérique ? »

Je lui ai expliqué : « Le principe de soumission n'est pas mon idée, ne me blâmez donc pas si vous n'êtes pas d'accord. Souvent je n'aime pas l'idée moi-même. Mais, je dois prendre en considération la Source. Je ne vous force pas, ni personne d'autre, à vous adapter ; je partage tout simplement avec vous des idées qui nous ont permis d'améliorer notre mariage. »

Si votre mari et vous-même avez une autre méthode pour résoudre les problèmes qui ne peuvent être réglés par un compromis, merveilleux ! J'ai entendu parler de couples qui utilisent des méthodes comme de jouer à pile ou face, ou de laisser la décision finale alternativement à l'un puis à l'autre. Si de telles méthodes de *comptabilité* ou de *jeux de hasard* vous sourient, il n'y a donc pas de problème pour vous. Tous vos conflits sont d'avance réglés au niveau du compromis. Vous pouvez ignorer le reste du chapitre et aller directement au *Sexe 301.* Mais je trouve qu'un plan pré-déterminé pour résoudre les conflits de façon simple élimine la confusion lorsque les problèmes surgissent.

Plus loin dans sa lettre, cette femme irritée ajoute : Vous devriez appeler votre livre *L'esclave totale.* La subordination n'est rien d'autre que de l'esclavage. Vous prêchez la soumission totale. C'est le ridicule total ! L'Hypocrisie totale ! Pourquoi ne pas être une *Personne Totale ?* Moi Tarzan, toi Jane, est loin de la relation mûre, adulte, affectueuse et partagée ».

La soumission n'est pas la subordination. La subordination implique un acte imposé contre la volonté, tout comme dans l'esclavage, mais la soumission est un acte choisi. Lorsque je choisis de m'adapter à l'idée de mon époux, c'est ma décision, et non la sienne. S'il me menaçait ou me forçait physiquement contre mon gré, il s'agirait à ce moment-là d'esclavage et même de viol.

Je dois admettre, cependant, que ma réaction fut violente lorsque j'ai lu pour la première fois dans la Bible le passage au sujet de l'adaptation. J'avais peur de ce qu'il pourrait m'arriver si jamais je m'y soumettais. Mon mari pouvait devenir un dictateur et me piétiner. Mais cela ne s'est jamais produit dans notre ménage. En fait, on m'a récemment demandé un exemple d'adaptation dans ma vie. Et en y pensant bien, je n'ai pu me souvenir de la dernière fois où j'avais dû m'adapter.

Vous voyez, lorsque j'ai décidé de m'adapter (quand tout compromis est devenu impossible), j'ai découvert que mon mari n'était pas sans raison. En fait, fréquemment il change d'idée et fait exactement comme je désire.

Aimant

On me demande souvent : « Mais le mari n'a-t-il pas des responsabilités aussi ? Qu'en est-il de lui ? Il n'est pas juste de ne donner que dans un sens ».

Je suis d'accord. Pendant six ans et demi j'ai rappelé à mon mari ses responsabilités. Je lui expliquais souvent comment il devait contribuer à nos relations. Le problème était qu'il ne contribuait pas.

Julie Tzilley a dit : « Est-ce si terrible de demander à une femme de faire le premier pas dans le but de combler les fossés dans son foyer. Pourquoi une femme se sentirait-elle menacée en donnant de l'amour à son époux ? » Lorsque j'ai fait les premiers pas dans le but de sauver notre ménage, à ma grande surprise Charlie devint un époux responsable.

Une jeune divorcée m'écrivit qu'elle projetait son remariage et désirait savoir ce que lui coûterait l'adaptation. « Je veux vraiment plaire à mon chéri, m'écrivait-elle, mais comment puis-je assumer toutes mes responsabilités puis devenir douce comme un chaton ? Je suppose que j'attends de lui qu'il s'offre à faire certaines choses. Où doit-on fixer la limite entre lui plaire et penser à soi-même ? »

L'adaptation implique le don. L'adaptation n'est pas de donner dans le but de recevoir ; il s'agit là de *manoeuvre.* Tout le monde peut démasquer le faux. Ne le remarquez-vous donc pas lorsque l'on vous manipule ? Votre mari aussi.

Le mariage n'est pas une affaire de 50-50. Toute personne qui a été mariée sait qu'il y a des moments où les deux époux doivent donner plus de 50% afin de réussir leur mariage. La première dame des États-Unis, Betty Ford a déjà dit que le mariage était une affaire de 70-30 pour cent. Jésus-Christ a été plus loin, il disait qu'il s'agissait de donner à 100% sans jamais penser à recevoir en retour.[15]

Robert Mercer, psychologue de New York, explique que l'adaptation est tout simplement la Règle d'Or. « Faites aux autres ce que vous aimeriez qu'ils vous fassent. » Il note « Quel privilège et avantage d'être le premier à amorcer un cycle de comportement. Ceci n'est pas pour les femmes faibles, intrigantes, hostiles, méfiantes ou abusives, mais pour des femmes fortes et honnêtes ».

J'ai reçu plusieurs lettres de femmes fortes et honnêtes qui me disaient comment elles avaient amorcé un cycle d'amour. « Comme tous les nouveaux mariés, m'écrivait Ellen de New York, j'ai eu de la difficulté à m'adapter à la personne réelle que j'avais épousée. J'admirais mon mari et je l'acceptais mais, je ne m'adaptais pas à sa façon de vivre. Je ne pouvais m'habituer au fait qu'il ne changerait pas ».

Au cours des mois suivant leur divorce, elle repensa à Barry. Elle écrivait : « J'ai oublié mon orgueil et lui ai demandé pardon ». Trois semaines plus tard ils étaient remariés.

« Mon mari essaie maintenant très sérieusement de me plaire. Notre vie sexuelle s'est grandement améliorée aussi, mais je dois vous avouer que je suis complètement épuisée maintenant. Hier soir en l'attendant, j'ai mis la chemise de nuit vaporeuse qu'il adore, un peu de maquillage bien que j'en mette rarement, de la musique douce et des chandelles. Nous sommes allés nous coucher et hop ! Il s'est fracturé deux côtes. Nous n'avons pas encore trente ans, nous pourrons donc reprendre le temps perdu après les six semaines de convalescence nécessaires pour ses côtes fracturées. Merci encore ».

Une dame de Virginie m'écrit : « Si nous perdions tout demain, nous aimerions être encore ensemble et recommencer ; nous pourrions être heureux tout autant la deuxième fois ». Après quatorze années de ménage (qui lui semble n'en avoir durée qu'une) elle me disait combien son coeur bondit dans sa poitrine chaque soir au retour de son mari et comme elle le lui laisse savoir. Il est daltonien, elle prépare donc tous ses vêtements pour lui le matin et ne se sent pas plus esclave pour cela. Elle poursuit : « Mon mari ne pourrait pas trouver une femme qui serait aussi bonne pour lui, et il le sait. Il m'en fait part souvent de maintes façons. Il rentre tous les soirs à la maison ou sort avec moi. Dites-moi maintenant qui est la plus stupide, mes amies qui me disent que je me rends esclave ou moi ? »

Helen Keller disait : « La vie est stimulante surtout lorsqu'on vit pour les autres ».

Dans *L'Art d'Aimer* Erih Fromm écrivait « l'on interprète souvent le don comme l'abandon de quelque chose, la privation de quelque chose ou le sacrifice ». Il puise plutôt dans le don la plus grande force.

Il écrit : « En donnant, je sens ma force, ma santé, mon pouvoir. Cette sensation d'augmentation de ma vitalité et de ma puissance me comble de joie. J'ai l'impression de déborder, de dépenser, d'être foncièrement *en vie,* donc j'ai de la joie. Donner est plus agréable que recevoir, non à cause de la privation mais parce qu'en donnant je me sens plus vivant. »

6 Apprécier

« **PERDUE :** Une douce et heureuse nouvelle mariée, une fille qui me trouve formidable et me le dit.
Sa caractéristique primordiale : l'appréciation ».

J'ai reçu cette carte postale d'un mari de Californie. Elle était anonyme. En fait le nom n'avait aucune importance. Cette carte aurait pu être envoyée par maints époux à travers le pays.

Lorsque les gens reçoivent un traitement spécial à plusieurs reprises, ils s'attendent à recevoir ces traitements spéciaux au lieu de les donner. Ils perdent leur attitude de gratitude, et prennent pour acquis que ces traitements leur reviennent.

On raconte l'histoire d'une vedette d'Hollywood, qui décida d'acheter quatre Cadillac pour sa famille à Noël : une pour sa mère, une pour son père, une pour son frère et une pour sa soeur. Lorsqu'elle offrit ses cadeaux, en grande procession avec tout le tra-la-la d'occasion, la réaction de sa famille fut complètement inattendue. Pas de contentement, seulement des grognements. Puis ils se mirent à l'attaquer en disant : « Quel gaspillage ! c'est ridicule ! » etc.

Finalement, le donateur généreux ne put l'endurer plus longtemps. Il s'éclipsa par la porte arrière et prit l'avion pour Los Angeles où il dit au chauffeur de sa limousine « Promenez-moi tout simplement pendant trois jours. Je ne crois pas utile de retourner voir ces ingrats ».

Et voilà un homme qui quitta sa famille le jour de Noël, survola la moitié d'un continent pour aller retrouver un étranger qui l'appréciait et l'aimait.

L'été dernier, le docteur Johnson et son épouse se rendirent à un congrès médical. Tout le long du voyage sa femme ne cessa de se plaindre. La chambre n'avait pas de vue sur l'océan, le service était épouvantable ; le personnel était revêche ; la nourriture n'était pas bonne. Et elle semblait toujours en blâmer son époux. Il perdit instantanément ses sentiments romantiques et enthousiastes des semaines précédentes. Il se promit de ne plus jamais l'emmener en voyage avec lui.

Savoir remercier

Lors d'un récent voyage dans une ville du Sud, Charlie et moi-même fûmes invités à dîner avec d'autres couples. Nous fûmes présentés puis nous nous sommes assis et avons commencé à commander. M. Burns, l'un des invités dit d'un ton prosaïque : « Je suis déjà venu ici », puis il commanda un Châteaubriand et l'entrée la plus chère du menu. Je regardai le prix et me sentis mal pour notre hôte.

Lorsque le repas arriva, M. Burns prit une bouchée et déclara que la viande était trop dure. Il dit : « John, la nourriture n'est plus aussi bonne qu'avant. Le meilleur endroit en ville pour le steak est dans l'est de la ville. Alors voilà un endroit à essayer. » Je me sentis mal de nouveau.

En regardant M. Burns mettre son assiette de côté, laissant la moitié de son steak, je fus estomaquée par son manque de délicatesse.

Pas un mot ou même l'ombre d'un remerciement.

Bobbie Evans disait : « Il y a une attitude qui fait plus pour vous garder en forme que toute autre. C'est la gratitude. Elle semble stimuler la force de vie et la garder en forme. »

La satisfaction n'a rien à voir avec votre évaluation d'une chose ; par exemple, le fait que le steak ait été délicieux ou médiocre n'a pas d'importance. Ce qui importe est votre réaction positive en faveur d'une autre personne, comme une invitation à dîner. Si le steak est vraiment immangeable (ce qui est rarement le cas) ne blâmez pas votre mari d'avoir acheté la viande du dîner de la veille. Votre hôte et votre époux ont fait de leur mieux. Le blâme (si vous devez absolument en faire un) revient au restaurant, au cuisinier ou au boeuf. Lorsqu'une personne fait un effort spécial pour vous rendre service, il est très impoli et insultant de ne pas exprimer votre satisfaction.

Lors d'une visite chez une amie, son mari entra en courant avec des billets en main. « Chérie, regarde ce que j'ai ! Deux places formidables pour la finale de dimanche. Les places étaient toutes louées pour la semaine ».

Sa femme n'étant pas intéressée par le sport demeura sans réaction ; elle s'exclama avec dédain : « Oh zut ! » Il perdit contenance.

Donc, ***1er point :*** ne manquez jamais une occasion d'exprimer votre satisfaction pour une faveur. Vous pouvez le remercier de son geste même si vous n'aimez pas le cadeau.

Lorsque le mari et les enfants observent la mère exprimer sa satisfaction, ils apprennent à l'exprimer eux aussi.

Nous essayons d'encourager nos petites filles à être sensibles aux sentiments des autres.

Juste avant les fêtes de Noël, lorsque Laura était en première année, elle demanda du papier et un stylo et disparut dans sa chambre. Lorsqu'elle revint elle souriait et me donna une note pour son professeur. La note disait : « Chère Mme Weber. Merci de m'enseigner des choses que j'aime. J'aime épeler et lire. Merci. Des bises. Laura ».

2ème point : La reconnaissance ne s'apprend pas, elle se démontre.

Quarante mères de plus

J'habitue mes filles à partager les tâches domestiques dès qu'elles sont assez vieilles. Je ne veux pas qu'elles apprennent de la façon la plus difficile (après leur mariage) ou sous pression. Un jour, j'ai donné à Laura sa première leçon de repassage avec une pile de mouchoirs. Toute la matinée je l'ai encouragée à poursuivre ses efforts : « Regarde Laura, regarde. Voici la bonne technique. Il te faut apprendre à repasser. Je te prépare à la vie ».

Mon petit *poucet* qui préfère s'installer la tête en bas à lire un bon livre me dit : « S'il te plaît, maman, fais moi plaisir. Pas de sermon. Ne me prépare pas à la vie ! » Mes sermons ne la motivaient définitivement pas.

Le docteur Clyde Narramore se souvient de son enfance avec ses cinq frères ; sa mère lui disait parfois : « J'aimerais avoir quarante fils comme toi ». Il se sentait si important et croyait vraiment que sa mère désirait avoir quarante autres Clyde tournant autour d'elle.

Un matin en jetant un coup d'oeil par la fenêtre, je remarquai Michèle très occupée à balayer les feuilles mortes sur le perron. Je la regardai avec amusement et surprise. Surprise parce que ce jour-là elle s'était mise à l'oeuvre sans se le faire dire, et amusement, parce que le balai faisait deux fois sa grandeur.

Je sortis pour l'encourager. « Tu prends si bien tes responsabilités ma chérie. Je suis fière de toi. En fait, j'aimerais avoir quarante autres petites filles comme toi ». Elle me regarda avec surprise puis poursuivit en redoublant d'ardeur.

Le lendemain dès son retour de l'école, elle fila droit dans la cour. Au bout de quelques instants, je sortis la regarder. Elle s'arrêta, leva les yeux vers moi et dit : « Maman, j'aimerais avoir quarante mères comme toi ! »

Je pensai : « Chérie comme tu es mignonne ! » puis Michèle fit tomber mon orgueil en ajoutant : « Si nous avions quarante mères de plus, le travail se ferait vraiment rapidement ici ! »

3ème point : « Les critiques freinent la motivation, mais l'appréciation fait des merveilles.

Formidable mais précis

Lorsque Laura reçut le Tableau d'Honneur en quatrième année, je lui dis à quel point j'étais heureuse et fière de ses succès. Michèle qui se tenait tout près, l'air triste, me demanda : « N'es-tu pas fière de moi aussi maman ? »

Je me suis penchée et l'ai enlacée dans mes bras. Je lui ai dit : «Michèle, tu sais que je suis fière de toi ».

Elle ne sembla pas impressionnée et dit: « Pourquoi ? »

4ème point : En complimentant, il faut être sincère et précis.

Noël en juillet

Tout comme l'adaptation est cousine de l'acceptation, l'appréciation est proche parente de l'admiration. L'admiration implique l'expression de reconnaissance des aptitudes ou des réussites d'une autre personne, tandis que l'appréciation est un remerciement. Ces deux principes ne valent pas seulement pour les époux mais pour tout le monde, même pour un ex-mari.

Katy était divorcée depuis trois ans et écrivit pour me parler de son nouvel amour. Elle travaille toute la journée et a peu de temps à passer avec ses enfants, elle essaie donc d'apporter de la qualité et du plaisir à ces moments. Elle me raconta certaines façons qu'ils avaient de fêter ensemble.

« Il n'est pas facile d'être à la fois le père et la mère, mais il y a beaucoup de bonheur lorsqu'on permet à l'amour et à la foi de grandir chaque jour. Chaque jour nous prenons le temps d'apprécier une création de Dieu.

Mon ami Bill est né le 21 décembre et tout au long de son enfance, ni son anniversaire, ni Noël n'ont eu beaucoup d'importance. Nous célébrons donc son anniversaire tous les mois et fêtons Noël en juillet avec un arbre, des lumières, des cadeaux et tout ce qui fait Noël. Nous plantons même un arbre en son honneur le **jour de l'arbre.**

Avec mon ex-mari, nous parlons des enfants de façon polie. Maintenant que nous ne luttons plus l'un contre l'autre, c'est plus facile pour les enfants et moi de le rencontrer avec sa nouvelle épouse pour prendre une glace après une réunion parents-maîtres. J'ai appris à être une *Femme Totale* même avec mon *ex.* »

Les principes qui sont à la base de toute bonne relation humaine sont aussi vieux que le monde mais il faut constamment se les rappeler.

Une dame de Kansas City m'écrivit : « J'ai donné une cuillérée à table d'estime à mon mari et il m'a rendu un gallon d'amour ! Wow ! Et comment ! J'ai donné quelques mots d'admiration et il ne cesse de me parler de ses projets, ses espoirs, ses *un jour* et mon Dieu que c'est merveilleux ! »

L'appréciation motive ! Les maris apprennent par l'exemple. Que votre mari soit une vedette ou un petit monsieur tout ordinaire, ses besoins dans ce domaine sont énormes. Même une vedette a besoin d'être louangée pour être motivée, mais encore plus les gens qui ne font jamais la première page des journaux. Sa vie peut se borner à travailler toute la journée sur une chaîne d'assemblage et à nourrir trois enfants affamés le soir ; il travaille fort. Il est fidèle à son épouse. Il paie les comptes. Il joue avec les enfants et aime son Dieu.

En voilà des nouvelles !

Une dame m'écrivit : « Je prenais l'attitude de *qui en a besoin,* mais je réalise maintenant combien je serais triste s'il avait ces sentiments envers moi. Croyez-vous qu'il soit trop tard ? » Non.

Devoirs

1. Cette semaine célébrez la Semaine de l'Appréciation Mutuelle. Soyez consciente de toutes les petites choses que chaque membre de la famille fait, et remerciez-en chacun.
2. Lorsque votre mari est courtois, remerciez-le. Comme geste de courtoisie de votre part, remerciez-le de son attention. Le mot le plus important dans un ménage est : *Merci.*
3. S'il fait un travail à la maison ou s'il vous fait remarquer son succès au travail, félicitez-le de cette réussite. Les deux mots les plus importants dans un ménage sont : *C'est bien.*

L'appréciation a deux composants : merci plus un compliment.

Troisième Partie
La Joie d'Aimer

7 Sexe 301

« Il est 2 heures du matin et je termine justement la lecture de votre livre. Au lieu de lire si tard, je réalise maintenant que j'aurais dû me coucher avec mon mari ! Je veux commencer à mériter des A au lieu des C que je récolte depuis trois ans. »

Bien des femmes ont exprimé leur inquiétude et leur désir de voir se raviver leurs relations sexuelles, avec l'homme qui partage leur vie et leur lit. Après douze années de mariage et l'arrivée de deux garçons turbulents, une femme devint tellement fatiguée qu'elle s'éteignit graduellement. « Mon époux frustré sait qu'au fond de moi il y a la femme sexy et la maîtresse qu'il a déjà connue, me dit-elle. C'est un incurable romantique qui voudrait que notre vie entière soit comme une lune de miel. »

Et de Dallas, une nouvelle mariée s'exclame de joie : « Je n'avais jamais entendu parler de tout ceci. Je vous remercie de m'avoir enseigné ce que ma mère n'a jamais pris la peine de m'expliquer. J'ai connu mon premier orgasme. Toute femme devrait connaître ce que je viens de découvrir, et mon mari est aux anges lui aussi ! »

Le sexe non seulement stimule mais réconforte un homme. Cet après-midi votre mari peut souffrir d'un mal de tête incroyable. Les pressions du travail peuvent lui avoir provoqué une indigestion après le lunch. Parfois, il a des palpitations, ou il ressent ces terribles malaises au thorax qui font qu'un homme commence à se demander si *ça* en vaut la peine. Il a désespérément besoin de réconfort et le sexe lui offre ce réconfort. Vous pouvez faire disparaître ses frustrations (et les vôtres aussi), en vous satisfaisant mutuellement sur le plan sexuel. Si vous ne le faites pas, ce sera peut-être une autre personne qui le fera.

Une fille m'écrivit pour me dire qu'elle était follement amoureuse d'un homme, de quinze ans son aîné. « Je suis folle de son corps et aimerais faire l'amour avec lui. Lorsque je le lui dis, il me répond : « je suis flatté que tu me trouves attirant ». Il m'a aussi dit qu'il y penserait.

Je le violerais si je ne savais pas la chose physiquement impossible. Bien qu'il ne puisse sentir son épouse, il nous est difficile de nous rencontrer. Nous nous voyons seulement après le travail. J'apprécierais votre aide. »

Mon aide pour détruire un ménage ? Vous voulez rire ? Qu'il est triste de voir la mauvaise femme se tourner vers le mauvais homme !

Il est triste de penser combien de femmes éplorées découvrent l'existence de l'autre femme trop tard. Plusieurs épouses m'ont écrit : « Je ne peux croire que tout cela m'arrive vraiment. Mon mari vient de me dire qu'il fréquente cette autre femme depuis près d'un an. J'imagine mon époux me comparant à elle et je me demande si je soutiens la comparaison. »

Comment ces choses-là commencent-elles ? Le docteur Melvin Heller, un psychiatre de Philadelphie explique que : « Les fantaisies érotiques dont nous assaillent la radio, la télévision, les journaux créent des pressions que ne peuvent affronter bien des hommes d'âge moyen. Il est poussé à s'acheter une nouvelle vie sexuelle et une nouvelle femme tout comme il changerait d'automobile. Parfois il ne se sent même pas coupable car il croit faire la chose qu'il faut.

L'autre femme

Où que vous viviez, il y a quelque féline demoiselle qui lorgne fortement votre époux. Mes consoeurs, comment puis-je secouer votre léthargie ? Elle n'attend que l'occasion d'agripper votre tendre époux, et quoique je ne crois pas au besoin de pousser un cri d'alarme, je crois sincèrement qu'il faut se tenir sur ses gardes et être consciente qu'il se trouve toujours quelque femme sans scrupule prête à briser un ménage.

Si votre mari voyage, il est tout particulièrement sensible aux attraits de la femme douce, facile et accessible. Les hommes acceptent les avances qu'on leur fait et restent où ils sont bien traités.

Les femmes se plaignent parfois : « Qu'a-t-elle que je n'ai pas ? » Peut-être très peu. Elle n'est peut-être même pas très jolie ou n'a même pas un corps magnifique. Un époux ne voudrait peut-être pas être vu en sa compagnie par ses amis, mais lorsqu'il en ressent le besoin, elle est là. Elle est aux petits soins avec lui et s'arrange pour qu'il en soit conscient. Elle écoute attentivement toutes ses paroles. Elle rit doucement de ses plaisanteries et lui fait les yeux doux. Elle semble *en vie,* sexy et passionnée.

Le Maréchal von Blomberg, alors qu'il était commandant en charge de l'Armée allemande en 1937, tomba amoureux de sa secrétaire, Erna Gruhn, qui avait été une prostituée à Berlin. Après des fréquentations de courte durée, mais passionnées, ils se marièrent.

L'annonce du mariage fit le tour de l'Armée en un instant et von Blomberg reçut un ultimatum : « Divorcez d'avec Erna Gruhn immédiatement ou vous serez démis de vos fonctions ». Le commandant quitta son poste important sacrifiant son grade et sa réputation.

Avant de mourir, le milliardaire J. Paul Getty dit : « J'aurais donné toute ma fortune pour un mariage réussi ».

Je ne crois pas que la plupart des dirigeants réalisent l'influence qu'une femme a sur un homme. Pour cette douce créature un homme peut abandonner tout son pouvoir et son avoir. Il peut même délaisser toute autre femme. Mais pour garder son homme, une femme doit savoir satisfaire ses besoins.

Il faut combattre le feu avec le feu. Votre mariage n'est peut-être encore qu'au stade de la première flamme, mais soyez assurée d'une chose : si les besoins sexuels de votre mari ne sont pas satisfaits à la maison, la flamme est toujours là, en veilleuse.

Discutant sur *l'autre femme* une veuve décrivit à un chroniqueur spécialisé dans les affaires matrimoniales les femmes de son quartier :

Béa : Garde ses bigoudis sur la tête vingt-quatre heures par jour. Se plaint sans arrêt. Lorsque son mari arrive pour le dîner, elle se tient à peine debout car elle est déjà ivre.

Marguerite : Visite les voisines toute la journée. Ne fait son travail de maison que sur impulsion, généralement le soir lorsque son mari est prêt à se coucher.

Émilia : Pèse 280 livres. Laisse tomber des aliments sur son menton et sur ses vêtements. Sa poitrine ressemble à un plateau de collation.

Léonore : A déclaré à toutes les dames du quartier qu'elles étaient folles de permettre à leur mari de se servir d'elles comme de prostituées. Elle décrit le sexe comme une chose dégradante.

La dame poursuivait : « Je suis une veuve de quarante ans et j'ai reçu des propositions de tous leurs maris. Avec un petit sourire tendre, un clin d'oeil, je pourrais devenir *l'autre femme* ».

365 façons différentes d'apprêter le hamburger

Le docteur David Reuben disait : « La plupart des hommes fonctionnent selon des cycles de 48 heures ; c'est-à-dire qu'il leur faut des relations sexuelles aussi souvent que cela pour qu'ils soient en forme ».

L'appétit sexuel de votre mari est aussi important que son appétit pour la nourriture. Mais s'il se lasse de manger du hamburger, soir après soir, il se lasse rarement du sexe. Et voilà le secret qui doit permettre à une femme de garder toute l'attention de son mari, mais tout comme le hamburger, vous devez vous préparer de diverses façons afin d'offrir de la variété de temps en temps.

Une ancienne prostituée de Las Vegas m'écrivait : « Je suis maintenant une épouse heureuse. Maintenant que je vis de l'autre côté de la clôture, je réalise que si plus de femmes faisaient leur devoir et prenaient soin de leur mari, les prostituées n'auraient plus de travail.

Je veux réussir en ménage. Et le seul moyen de conserver mon mari est de le dorloter, de l'aimer, de m'en occuper sans cesse pour qu'il ne s'intéresse qu'à moi.

Ces femmes qui veulent leur liberté peuvent bien l'avoir ; c'est une solitude à supporter, croyez-moi. Je suis plus libre maintenant qu'avant. Nous sommes si chanceux que j'aurais envie de le crier parfois.

Quand un homme a du beurre dans le congélateur à la maison, il n'ira pas dans la rue chercher de la margarine.

SCÈNE : Maurice et Margot regardent la télévision.
Il est onze heures du soir.
Les enfants dorment.

Endroit : le salon - Maurice commence à chantonner son hymne d'amour, « Oh ! ma maîtresse lorsque tu es près de moi » et Margot sait ce qui l'attend. Elle se précipite dans la salle de bain, enfile son pyjama en flanellette, applique une épaisse couche de crème sur son visage. Clip ! snap ! et deux gros bigoudis emprisonnent ses cheveux.

Soulagée de voir la chambre à coucher encore vide, Margot se glisse sous les draps. Elle éteint la lampe et se protège de toute lumière en mettant un masque. Sa transformation en *Margot-pas-ce-soir* est efficace quoique rapide, et elle termine juste à temps.

Entretemps dans le salon *Maurice-chauffe-vite* est encore assis pensant tendrement à Margot se préparant à sa venue. Il coupe la télévision, s'ébroue de temps en temps et piaffe.

Margot-pas-ce-soir ne bouge pas sous les couvertures lorsque Maurice entre avec empressement dans la chambre et saute dans le lit. Pauvre Maurice, lorsqu'il soulève la couverture, il tombe sur le masque et a l'impression d'être au lit avec le bandit masqué !

Lui le veut et elle non. C'est une scène familière. Ça s'est produit souvent déjà. Je ne parle pas de gens bizarres, hors du commun, mais de personnes que j'ai rencontrées ou qui m'ont écrit.

J'ai reçu nombre de lettres d'hommes m'exprimant leurs désirs inassouvis. Un homme m'écrivit la douleur qu'il ressentait : « Mme Morgan ce que vous dites est vrai. J'aime ma femme, mais depuis tant d'années elle n'a pas réagit de façon positive à mes avances sexuelles. Je pourrais écrire un livre avec ses excuses. « J'ai mal à la tête » ou « On n'est plus des enfants » ou « Les enfants pourraient nous entendre » ou « Je suis si fatiguée ».

Le docteur Henriette Klein, professeur de psychiatrie à la *Columbia University of Physicians and Surgeons* à New York écrit : « Une femme réalise pleinement que le sexe est le point le plus vulnérable d'un homme. Il y trouve son pouvoir et sa virilité. C'est un concept masculin dû largement à notre culture. Son égo est en jeu. Un homme peut être durement ébranlé au niveau de sa virilité si sa femme ne réagit pas sexuellement à ses caresses. »

La plupart des femmes réagissent sexuellement au cours de la lune de miel et des premières années de mariage. Mais au cours des années la flamme s'éteint souvent pour maintes raisons.

Un homme de soixante-sept ans m'écrivit : « Mon premier mariage fut un échec et mon deuxième est loin de l'idéal. Notre présent mariage alla assez bien pendant environ huit ans lorsque les ébats amoureux furent supprimés. Les choses en sont arrivées au point que j'habite maintenant une maison de retraite ».

Un autre époux m'envoya une lettre anonyme du Midwest. Il avait quitté la maison deux mois auparavant pour aider un fils très malade. Lorsqu'il vint embrasser son épouse avant de partir, elle ne souleva pas la tête de l'oreiller. « C'était probablement aussi bien car elle aurait ressemblé à Phyllis Diller traversant un lave-auto », dit-il.

Les problèmes de sexe ne sont pas toujours des problèmes sexuels. Il y a sûrement des problèmes émotifs qui requièrent des soins professionnels, mais certains problèmes semblent hanter presque tous les ménages. Les exemples suivants sont présentés dans le but d'offrir un peu d'aide et d'encouragement.

Mauvaise alliance

Certaines femmes ont de la difficulté à réagir sexuellement à cause de certains problèmes survenus au cours de leur enfance. Sally n'avait jamais reçu d'affection de ses parents. Dès que nous avons entamé la conversation au lunch, elle se mit immédiatement à blâmer son mari pour les désaccords au sein de leur ménage. « Mike ne me parle pas et ne joue pas avec les enfants. Je me sens étrangère à sa vie. Il n'a besoin que de mes services de ménagère. » Au fur et à mesure que se développa notre conversation, elle avoua : « Mais il est toujours prêt à faire l'amour à n'importe quelle heure. Je crois vraiment qu'il est obsédé. »

Tout le long du repas, Sally critiqua Mike. Au milieu de son bavardage, je compris qu'elle disait : « Pauvre moi, j'ai épousé une brute, un maniaque sexuel. Les hommes sont pareils aux animaux ! »

Lorsqu'un homme aime sa femme, il veut le lui montrer souvent, et il désire la voir comblée. Dans le cas de Sally, ce n'est que lorsqu'elle réalisa le pourquoi de ses inhibitions, et qu'elle décida de les surmonter, qu'elle fut capable de jouir des élans sexuels de son mari.

Il est parfois difficile pour les deux partenaires d'être satisfaits sexuellement. Une femme se plaignait que son mari voulait faire l'amour au moins une fois chaque soir et une fois le matin. « Je ne suis vraiment pas aussi bien disposée que je le devrais, mais je suis toujours si fatiguée. Je le fais par devoir, mais il pense que je n'aime pas faire l'amour. Il a raison. Excusez l'état de cette lettre, mais il est minuit, et... vous l'avez deviné, je suis fatiguée. »

Celui-là est peut-être un maniaque sexuel ! Mais je ne crois pas que la plupart des époux fassent partie de cette catégorie. Parfois un mari aux désirs sexuels normaux est considéré comme un maniaque sexuel par une femme à la libido très faible. Son niveau est peut-être tombé pour diverses raisons, la fatigue, la malnutrition ou l'hypertension due à un horaire irrégulier.

L'amant partagé

« Comment doit-on réagir lorsque notre mari nous accroche chaque fois qu'il passe ? » me demandait une jolie petite maman épuisée. « Il me tiraille lorsque je tente de changer le bébé et de nourrir les enfants. Que doit-on faire lorsque son mari arrive du travail et tombe endormi sur le sofa, vous laissant encore seule ? Comment donner de son temps au mari lorsque le petit de deux ans et le bébé de six mois exigent votre attention en même temps ? »

En fait, cette fille affronte une situation idéale. Lorsque son mari arrive et la prend, elle devrait tout laisser tomber et le satisfaire ; ses enfants sont trop jeunes pour réaliser ce qui se passe de toute façon. Puis elle devrait le laisser dormir le reste de la soirée tandis qu'elle poursuit ses occupations à elle !

Le mois dernier une organisation de presse locale présenta son prix de *Jarretière Rouge* au programme de *Femme Totale.* En faisant la présentation, Eleanor Hart chanta la chanson suivante écrite par Gerry Healy, sur l'air connu de *Four Leaf Clover*

> Je regarde une pile de linge sale
> que je n'avais pas remarquée avant.
> Quatre enfants ont la rougeole,
> un autre les oreillons.
> Le sixième fait de la fièvre,
> et est couvert de drôles de boutons rouges.
> Il ne sert à rien d'expliquer
> pourquoi j'ai une migraine.
> Mon dos me fait mal à cause du lavage des planchers.
> L'homme de l'heure dans ma vie
> peut se plonger sous une douche froide
> pour prendre les devants.

Si vous êtes mariée avec *Maurice-chauffe-vite,* vous pourriez le pousser sous une douche d'eau froide une ou deux fois, mais s'il est aussi *normal* que tous les maris américains, vous aurez un compte d'eau incroyable !

Margot nymphomane

A l'occasion, la ration de désirs sexuels est inversée, et *la mal assortie* est la *passionnée.* Parfois, lorqu'un mari a peu d'intérêt ou aucun intérêt en matière de sexe, la femme passionnée devient folle de frustration. Ici encore, je ne parle pas de cas cliniques.

« Mon mari me dit que le sexe a perdu tout intérêt parce que je suis toujours prête », écrit une femme ardente de Boston. « Je suis toujours prête, jour et nuit, et il le sait. Lorsqu'on se met au lit, il sait que je le désire et c'est vrai. Comment devenir moins disponible ? »

Vous pourriez prendre une douche d'eau froide vous-même !

Une autre femme se plaint : « J'ai toujours l'impression que mon mari fait l'amour avec moi parce que c'est entendu. Il dit que je suis une maniaque sexuelle. Lorsque je tente de le séduire, il hurle : « Laisse-moi tranquille ! » Je ne me sens plus féminine et je le hais pour cela ».

Et partout en Amérique le problème existe. De Houston : « Parfois mon mari se précipite sous la douche et au lit avant même que les enfants ne soient installés pour la nuit. J'essaie de me coller un peu mais il met l'oreiller sur sa tête. Il est satisfait de faire l'amour une fois par mois ou moins. A cette allure nous finirons par nous serrer la main une fois de temps en temps, dès notre dixième anniversaire de mariage ».

A moins que les deux partenaires ne soient satisfaits sexuellement, un des deux peut crier : « Hé, j'ai des besoins ! Je suis frustré parce que j'ai besoin que tu aies besoin de moi ».

Vous pourriez commencer à résoudre le problème en parlant, et l'un ou les deux partenaires pourraient recevoir de l'aide professionnelle. L'union sexuelle est longue à atteindre et difficile. Donnez-vous une chance. Pour apprendre à connaître une personne il faut beaucoup de souplesse, d'acceptation et de sacrifices. Mais commencez dès aujourd'hui.

Il y a certainement des causes psychologiques et physiques aux troubles sexuels. Comme vous le savez, je ne suis pas médecin mais je puis vous parler des résultats incroyables obtenus par la mise en pratique des principes de la *Femme Totale.* Permettez-moi de partager avec vous une histoire émouvante. Quelles que soient les implications médicales, cette histoire est vraie.

Un couple d'un certain âge était troublé car l'époux ne pouvait plus s'exécuter sexuellement. Sa femme savait qu'il en était bouleversé, mais lorsqu'elle tentait de l'encourager, il se retirait tout simplement dans sa coquille. Son médecin émit un diagnostic de maladie chronique comme cause de son impotence. L'homme en fut vraiment affecté et tomba dans une profonde dépression.

Sa femme, désespérée par cet état de choses, s'inscrivit à un groupe d'étude de la *Femme Totale* espérant trouver de l'aide dans le but de sauver son ménage. Trois jours après la deuxième séance, la femme téléphona à l'instructeur. Elle était dans le ravissement. « Je mets vos principes en application depuis deux semaines, et je voulais vous dire que le médecin s'était trompé ! »

Mythes et ratages

Nous avons reçu les plaintes d'une femme qui ne pouvait effacer les souvenirs de son enfance malheureuse. Elle se souvenait que sa mère recevait des *amis,* souvent la nuit. Dans ces moments-là, la fillette se réveillait pour entendre les cris provenant de la chambre de sa mère lorsque les policiers emmenaient les hommes.

« Je suis mariée maintenant, mais très tourmentée, m'avoua-t-elle. La nuit j'ai beaucoup de difficulté à m'endormir. Étant donné que j'ai vu ma mère couchée avec une multitude d'hommes différents, j'ai beaucoup de problèmes sexuels. Je savais qu'il en serait ainsi, mais je ne sais plus quoi faire. Comment puis-je surmonter ce blocage ? »

Partout en Amérique il y a des quantités de femmes qui ressentent une répulsion sexuelle, dans certains cas à cause de mauvais enseignements, dans d'autres cas à cause d'aigreur ou de confusion. Par exemple :

Fausse conception

Une lettre commençait ainsi : « L'énergie créatrice d'un homme devrait être utilisée sexuellement pendant que les familles sont jeunes afin de renouveler la race. Les gens plus âgés devraient utiliser cette énergie créatrice pour atteindre des niveaux très élevés dans le monde des arts, du gouvernement ou de la science. De toute façon, saviez-vous que l'acte sexuel peut occasionner le cancer du col ? L'activité sexuelle devrait diminuer après la quarantaine, afin de permettre aux hommes et aux femmes de croître de plus en plus sur le plan spirituel et de moins en moins sur le plan sexuel. Avec vous, le Docteur Reuben et Ann Landers, la fine fleur de l'Amérique virile sera liquidée avant d'avoir soixante ans. »

Alors sauvons la crème ! Et j'espère que son mari partage son opinion.

Maman surveille

« Ma mère m'a toujours appris que les hommes ne valaient rien et qu'ils n'avaient toujours qu'une chose en tête. Le souvenir de ma mère me hante encore chaque fois que mon mari et moi faisons l'amour. Je la vois toujours dans mon esprit, assise au pied du lit. Maintenant je veux et je me sens capable d'aimer mon mari au lieu de m'offrir en sacrifice ».

Une autre femme me disait que lorsqu'elle était plus jeune sa mère lui avait dit : « Le plaisir sexuel n'est pas joli, quel que soit l'amour que tu ressens pour ton mari ». Elle ne pouvait pas oublier ces conseils même après son mariage. Elle m'écrivit : « Après avoir lu votre livre, je regrette maintenant de ne pas avoir su l'aimer, le réconforter et l'adorer comme j'aurais dû. Mais il trouve que je suis devenue tout à fait différente, en seulement une semaine. C'est incroyable, mais au fur et à mesure du progrès de ma lecture, je laisse tomber mes inhibitions, ma culpabilité et mes conceptions erronées. Je suis libre, et quelle joie ! »

L'acerbe Barbara

En plus des diverses fausses conceptions sexuelles, il y a une autre barrière avant d'atteindre une relation sexuelle tendre. Il s'agit de l'aigreur chez l'un ou l'autre des partenaires.

Une femme de l'Indiana me dit que son mari a le plus mauvais caractère du voisinage, mais que « à la minute où il me touche, je suis censée m'attendrir et tomber dans ses bras ».

Toute femme connaît ce toucher et le déteste. Toute femme sait aussi comment régler sa vie sexuelle à la manière d'une vraie *Mère Noël,* selon que lui a été bon garçon ou pas. Mais là repose un danger. Quelle que soit la source de l'aigreur, il est dangereux d'utiliser le sexe comme arme.

Un homme désignait sa femme comme *un mur de refus qui s'efface au toucher.* « Elle dit avoir dépassé le stade du sexe qui n'est que pour les natures basses et sensuelles. De plus, je ne suis pas plus un objet qu'une femme frigide et seul.

Des phases de mauvaise humeur et des désaccords ne sont pas toujours nécessairement la cause de la fin d'un amour. Au contraire, cette mauvaise humeur peut exister à cause d'un désir sexuel inassouvi.

Une femme veut se réconcilier avant de faire l'amour. Son mari lui, sait qu'il veut faire l'amour pour se réconcilier.

Du gâteau-appât

Une divorcée d'environ quarante ans me racontait qu'elle était sortie avec un homme régulièrement pendant un an, puis il a disparu. Après quelques mois, il est revenu, non pour la fréquenter, mais pour faire l'amour de temps en temps. « Je me sentais comme une marionnette, écrivait-elle, il se servait de moi uniquement comme partenaire sexuel. Je lui ai finalement dit que je ne coucherais plus avec lui à moins de prendre une décision officielle, définitive. Je sais que je parle comme une adolescente, mais je suis tellement confuse. Je me sens triste et malheureuse. Je veux vivre le reste de ma vie avec lui mais comment puis-je le lui faire accepter ? J'ai l'impression que s'il a le gâteau et la glace, il ne voudra jamais s'engager dans le mariage. »

Et pourquoi le ferait-il ? Une des principales récompenses du mariage est le don total. Une jeune femme célibataire *hésitante* m'écrivait : « J'ai tous les avantages du mariage sans ses responsabilités, pourquoi m'embarquer ? » Certains hommes agissent noblement dans de telles circonstances, mais des milliers ne le font pas ; ainsi l'apprennent continuellement des femmes consternées. Comme le demandait cette dame : « Comment puis-je le convaincre de m'épouser ? »

Quel appât peut-elle utiliser pour l'attraper, me demandez-vous ? Sans les engagements du mariage, et je parle d'un engagement spirituel en fait, les preuves sont là que tôt ou tard, et surtout tôt, l'hymne à l'amour est remplacé par cette complainte :

Il me dit être las de m'aimer
L'amour l'ennuie

Parce qu'il l'a déjà fait
Et en réalité, il ne veut plus de moi.

Rod Cameroun énonce : « Le sexe est merveilleux, amusant et fantastique, mais au sein du mariage seulement. Tout comme le feu dans la fournaise, il doit maintenir la maison confortable et chaude, mais s'il en sort, il peut mettre le feu à la maison. »

Oui Dieu a posé des limites au sexe. Les relations sexuelles, c'était son Cadeau aux couples mariés. Mais je dois ajouter rapidement que si vous ne le saviez pas, ou si vous le saviez et aviez choisi de l'ignorer, Dieu est prêt à vous pardonner et à vous permettre de repartir à zéro.

Le *sexe 301* peut être la partie la plus agréable et passionnante du mariage, un apprentissage constant. Dans ce but, la section suivante vous propose « Comment Agir ».

Faites bien vos devoirs !

8 Femmes et Maîtresses

« Hola ! petite fille, peigne tes cheveux, applique ton maquillage.
Bientôt il passera la porte.
Ne crois surtout pas pouvoir cesser tes efforts
Parce qu'une bague orne ton doigt.
Les femmes devraient être aussi des maîtresses !
Cours te blottir dans ses bras dès son arrivée.
Je t'avertis...
Jour après jour, il y a des filles au bureau,
Et les hommes seront toujours des hommes.
Ne le laisse pas partir le matin en te voyant
Avec des bigoudis sur la tête, il ne reviendrait plus.
Car les femmes doivent être des maîtresses aussi.
Cours te blottir dans ses bras dès son arrivée,
Il est bientôt là. »

Paroles de Hal David
Musique de Burt Bacharach
1963 de « Famous Music Corporation »

Les paroles de *Femme et maîtresse* de Hal David exhorte la ménagère moyenne à établir l'atmosphère d'amour dès l'arrivée de son mari.

Le temps de se préparer

Si une femme n'a pas le goût de faire l'amour avec son mari, elle est la seule à pouvoir se mettre en forme. J'ai fait cette remarque à l'émission *To tell the Truth* et le meneur de jeu Bill Cullen dit : « Je crois que c'est la plus belle pensée que j'ai entendue. Je n'ai jamais entendu ça avant ! »

Qu'arrive-t-il lorsque votre mari a le goût de faire l'amour et que vous en ressentez de l'ennui ? Même si vous n'avez pas le goût de faire l'amour à ce moment-là, vous pouvez vous en donner le goût.

Oui ? Voilà le secret. Le but de cette section sur le sexe traite de la *manière* d'agir.

J'ai reçu des centaines de lettres de femmes désireuses de partager leurs expériences positives. Afin de raviver la flamme de leur vie sexuelle, plusieurs femmes ont commencé leur journée en accompagnant leur mari à la porte et en agitant la main à son départ.

Un homme a remarqué sa femme agitant la main, il s'arrêta, revint sur ses pas et demanda : « Que veux-tu ?

- Rien, lui répondit-elle, je te fais *Au Revoir* simplement.

- Je croyais que tu me rappelais, dit-il.

- Non. Pourquoi ne pars-tu pas maintenant, chéri ? dit-elle. Confus, mais satisfait, il partit, se retournant en agitant la main jusqu'à ce qu'il soit hors de vue.

Un autre époux, dont la femme demeurait habituellement au lit jusqu'à son départ pour le travail, fut surpris de la voir debout et lui faisant au revoir de la main. En partant en auto, il la surveilla, surpris, dans son rétroviseur... et fonça sur un poteau !

Un autre mari partit tout heureux pendant que sa femme lui envoyait des *bises* du balcon supérieur. En se retournant pour rentrer, elle remarqua, de l'autre côté de la rue, à la fenêtre de l'étage supérieur, un homme qui souriait et lui envoyait des bises en agitant la main.

Il est si facile de faire *au revoir,* ça ne prend que quelques minutes, mais le facteur d'encouragement est énorme.

Les *petites choses* gentilles aident aussi à ranimer un couple. Kathy, mariée depuis six ans, plaça ce poème dans la boîte à lunch de son mari :

« Les roses sont rouges
Les violettes bleues,
Je me sens un peu sexy
Rentre donc à 2 heures. »

Kathy partit faire des emplettes toute la matinée. Son mari travaillait à trente milles de la maison, il ne pouvait donc pas rentrer avant 5 heures (du moins c'est ce qu'elle croyait). Elle rentra à la maison à 2:30 et découvrit cette note sur la porte d'entrée :

« Les roses sont rouges
Les violettes bleues
J'étais à la maison à 2 heures
Où étais-tu ! »

Elle m'écrivit : « La chose la plus incroyable, c'est que mon mari est entrepreneur et qu'il n'est jamais rentré au milieu de la journée, mais cette fois, il a tout simplement dit qu'il devait rentrer à la maison pour un certain temps ! Soyez assurée que je ne crierai plus au loup ! »

Aimer et désirer

Un après-midi, je pelais des pommes de terre tout en répondant aux questions sur ce programme de lignes ouvertes à la radio. L'animateur me demanda soudainement : « Mme Morgan, donnez donc un exercice à nos auditrices.

Quelque chose qu'elles pourraient faire immédiatement en nous rapportant les résultats ».

J'ai suggéré aux femmes à l'écoute d'appeler leur époux et tout simplement de dire : « Bonjour chéri, j'ai appelé pour te dire juste que je désire ton corps. Rentre vite ce soir. Au revoir ! » L'animateur a ri et en quelques secondes le téléphone se mit à sonner. Je n'ai plus rien dit pendant les cinquante minutes suivantes. Ces femmes bombardèrent l'émission des réactions de leurs époux. Certaines ont téléphoné pour nous dire que leur mari avait été surpris. Une dame plus âgée dit : « Épatant ! quelle journée ! Je ne peux attendre ! Je n'ai jamais dit une chose pareille avant ! » Plusieurs maris ont ri pour la première fois depuis des années. Même la femme de l'animateur a appelé. Il lui dit : « Reste en ligne, l'ingénieur prend la suite. »

La dernière dame à téléphoner nous a dit en gloussant : « Je ne peux vous dire tout ce qu'il a dit, mais il m'a dit que la fin de semaine serait agréable. »

J'étais très heureuse parce que les fins de semaine agréables deviennent des semaines agréables. Les bonnes semaines deviennent de bons mois, et les bons mois deviennent de bonnes années.

A propos de Yaourt

La journaliste Erma Bombeck renchérit sur nous en se moquant de la phrase « *désirer ton corps* ». Lorsqu'une Jeannette imaginaire appela son Jacques au bureau, il demanda : « Quelle est cette histoire de désirer un *party* ? Il n'est que 10 heures du matin ».

« Je n'ai pas dit *party* j'ai dit ton corps. Celui comme Burt Reynolds, répondit-elle, rentre tôt aujourd'hui. »

« Burt vient dîner à la maison ? demanda-t-il. Je ne comprends rien à ton charabia. Je te verrai à cinq heures ».

Dans le réel, Marilyn n'a pas eu le culot de téléphoner à son mari au bureau, elle lui envoya donc un mot. Elle écrivit : « Je désire ton corps » et enfouit le mot dans un yaourt. A l'heure du lunch le mari découvrit la note trempée dans ses bleuets.

Il fut désolé de penser qu'une telle farce pouvait provenir d'une compagnie de yaourt réputée. Il écrivit à la compagnie pour demander une explication et inclut la note.

Deux semaines plus tard, il reçut une lettre : « Cher monsieur. Quoique nous soyons très intéressés par votre corps, nous ne pourrions le désirer ».

L'appel d'une femme à son mari non seulement attire son attention mais montre qu'elle s'intéresse à lui. Un après-midi, la femme de Harry l'appela pour lui dire : « Hé ! mon homme, rentre vite au bercail, j'ai des désirs passionnés ! » Il y eut un silence de mort, puis un fou rire où se reconnaissaient quatre voix masculines. Ses meilleurs amis étaient dans le bureau à ce moment-là et ils avaient tout entendu sur l'amplificateur de téléphone. »

Lorsqu'elle eut raccroché, il sourit et dit : « Riez toujours les gars ».

Une autre préparation de la *Femme Totale* à l'arrivée de son mari : le bain-mousse de 4.30 heures, ou juste avant son arrivée. Pour les épouses qui travaillent, le bain peut être inséré en tenant compte des deux occupations.

Un bain-mousse a des propriétés thérapeutiques incroyables. Vous vous libérez du stress et vous soignez votre santé (enfin on me dit qu'il en est ainsi). Quelles que soient ses propriétés médicinales, je puis vous assurer qu'un tel bain vous remonte certainement le moral.

Faites parfois de votre bain un événement spécial. Déposez des fleurs fraîches, ou faites flotter des tranches de citron parmi la mousse. Vous méritez bien cela.

Votre bain peut devenir votre mini-Spa,(1) une trempette dans une montagne de mousse. Après ce traitement

(1) Salle de conditionnement physique.

vous vous sentirez comme un bonbon fondant, enveloppez-vous alors dans une grande serviette. Si vous en avez le temps, installez-vous sur une bonne chaise confortable avec un livre et une tasse de thé, environ vingt minutes. L'effet ultime est le même qu'au *Spa,* mais pour une fraction de temps et d'argent.

Plusieurs femmes ont même convaincu leur mari de prendre des bains-mousse, et ils en ont découvert les bienfaits. Lorsque votre mari en ressort tout pimpant, soignez-le bien, attendez-le avec une grande serviette pour l'emmitouffler. Vous pouvez utiliser ce subterfuge pour convaincre un homme de prendre son bain en rentrant du travail.

Le lit et l'ennui

Une dame aux cheveux argentés me fit part de la promesse qu'elle avait faite à son mari le jour de leurs noces : « Je ne peux te promettre l'extase toujours, mais je te promets que tu ne t'ennuieras jamais »

Je crois qu'un homme peut endurer tout, sauf l'ennui. On demanda à un groupe d'hommes qui avouaient avoir été infidèles à leurs épouses, pourquoi ils étaient sortis du droit chemin. La principale raison était l'ennui. Quatre-vingts pour cent ont dit qu'ils s'ennuyaient tout simplement à la maison et désiraient de *nouvelles expériences.*

Tout homme a besoin de passion et d'aventures chez lui. Après tout, la même chemise de nuit, soir après soir, pendant des années n'a plus beaucoup de *sex-appeal* après un certain temps.

Les maris se lassent des chemises de nuit de toute façon, donc pourquoi ne pas essayer un déguisement bizarre, ce qui est plus amusant et moins coûteux. Partout au pays les maris ont réagi comme des fous lorsque leur femme les ont reçus à la porte avec un costume extravagant.

Qu'est-ce qu'un déguisement ! C'est l'opposé de ce que vous portez tous les jours. Une jeune femme qui portait toujours des jeans et des espadrilles du matin au soir, reçut son mari portant une jupe et une blouse très décolletée. Il demanda : « Est-ce mon cadeau de Noël à l'avance ? » Plus tard il lui avoua qu'il ne savait jamais si elle revenait du gymnase ou s'apprêtait à s'y rendre.

Les maris adorent la stimulation d'un déguisement. Le choc apporte plusieurs bienfaits. Premièrement, il prépare la scène romantique et lui laisse savoir que vous désirez le satisfaire.

Deuxièmement, il éveille soudainement sa passion. Le désir chez l'homme est attiré par une femme sexy. Il peut alors désirer ce qu'on lui fait entrevoir.

Troisièmement, en vous habillant pour lui, vous pouvez vous-même ressentir une certaine excitation et un certain bonheur. Lorsque vous agissez comme un enfant vous laissez tomber vos inhibitions et c'est merveilleux pour les relations sexuelles.

Finalement, s'il sait que vous pouvez le surprendre un soir, il n'arrivera jamais avec de la visite inattendue, il vous appellera toujours à l'avance !

Certaines femmes ont réagi négativement à cette suggestion de s'habiller pour leurs maris. Lors d'une conférence de la *Femme Totale,* une dame s'exclama : « C'est ridicule ! Mon mari ne s'intéresse pas à ces choses insignifiantes. Nous sommes des adultes ! »

Deux mois plus tard, la femme appela son instructeur, mais elle était très triste : « Il fallait que je vous appelle, commença-t-elle en pleurant ; hier soir mon mari m'a demandé de divorcer. Il dit que j'agis toujours comme sa mère. Je donne toujours l'importance première aux enfants et je n'ai jamais de temps pour le sexe. Il m'a dit que je ne faisais pas justement les choses dont vous avez parlé au cours. Il est trop tard pour nous maintenant, mais dites aux autres femmes que j'avais tort ».

Une autre femme mariée depuis vingt-et-un ans appréhendait les effets de ces accoutrements sur son époux. Elle dit ne pas croire à l'effet de ces costumes, mais son mari *pensait autrement.*

Un jeune homme qui *pensait autrement* écrivit implorant : « Ma femme et moi, nous nous voyons très peu étant donné nos occupations différentes. Lorsque j'arrive à minuit elle dort profondément. Je ne m'attends pas à ce qu'elle reste debout pour moi tous les soirs, mais j'aimerais bien une surprise de temps en temps. Par exemple, je passe la porte, et elle m'attend toute pimpante... »

Un médecin bien connu fit pour son épouse une liste des six choses qu'il désirait le plus à son retour du travail :

1. Une maison en ordre
2. Une femme revêtue d'un déshabillé.
3. Avoir vingt minutes de répit avant d'être mis au courant des problèmes de la journée.
4. Une femme revêtue d'un déshabillé.
5. Un repas prêt à l'heure.
6. Une femme revêtue d'un déshabillé.

Note : Si le déshabillé est noir, les articles 1, 3 et 5 peuvent être omis.

Costume révélateur

Une femme se sentait consternée juste à l'idée d'acheter une chemise de nuit vaporeuse. Elle se sentait mal à l'aise et gênée. Finalement, sa nature pratique triompha et elle s'acheta un pyjama patriotique bleu, blanc et rouge. Son mari ne savait plus s'il devait l'embrasser ou la saluer. Elle ajouta : « Mais nous avons bien aimé jouer à la chasse au drapeau ».

Je me souviens d'une bonne grand-maman plantureuse qui suivit les classes. Lorsqu'elle entendit le passage sur les costumes, elle rigola et dit d'une voix vigoureuse : « Oh, pauvre Ti-père, ça va le tuer ! »

La semaine suivante je surveillai son arrivée pour m'enquérir quant à la santé de *Ti-père.* Je l'ai vu entrer pimpante en classe, les yeux pétillants d'excitation. Elle se précipita vers moi et riant bien fort me dit : « Nous avons eu notre meilleure semaine ma chère. *Ti-père* n'a jamais eu autant de bon temps ».

Une dame aveugle suivit les classes. Quoique son mari soit lui aussi aveugle, ils avaient deux enfants parfaitement normaux. Cette dame était décidée à faire tous les exercices et la première semaine, pour son exercice de dîner *extra spécial,* elle prépara un soufflé aux patates douces et y planta une chandelle.

Alors qu'elle mettait son *costume,* une robe longue et beaucoup de bijoux, ses jeunes enfants entrèrent dans la chambre à coucher. Lorsqu'ils comprirent qu'elle s'habillait si élégamment pour leur père, ils se précipitèrent dans le salon en criant avec exubérance : « Papa, papa, viens toucher maman ! »

Qu'il y ait six ans ou vingt-six ans que vous êtes mariés, vous pouvez ranimer votre mariage : Attaquez l'ennui de front !

Tout comme dans la chanson de Loretta Lynn : « Le picotement était devenu un frisson glacial. Pas de vie sexuelle, pas de communication mais beaucoup de harcèlement au sujet de son habitude de fumer et de son poids et de la longueur de ses voyages d'affaires ». Bob en fumait plus mais n'en tirait aucun plaisir. Un soir il dit à son épouse, Hélène : « Je t'aime, mais je ne peux plus vivre avec toi. Je ne peux plus endurer cette tension constante ».

Ce fut un moment décisif pour elle. Elle décida de changer *Hélène,* apprécia son mari au lieu de l'abaisser, et l'accepta au lieu de tenter de corriger ses défauts.

Il fut très rapidement capable de noter le changement d'attitude chez elle, et il commença tranquillement à lui parler. Hélène m'écrivit : « Il recommença à me donner des tapes sur les fesses et nous avons joui d'une vie sexuelle merveilleuse à l'aide de mes costumes favoris et d'une variété de pièces où faire nos *soirées* (les chaises multiformes sont parmi mes favorites). Veuillez transmettre mes découvertes, non seulement aux jeunes souffrant du malaise des *sept ans,* mais aux plus âgés souffrant du malaise des *vingt ans* ! »

Aussi importants que votre apparence, sont les endroits à choisir pour partager votre amour. J'ai entendu parler de relations sexuelles ayant eu lieu dans les endroits les plus variés, tremplins, trampolines, bottes de foin, sacs de couchage, qu'importe, si les relations sexuelles y perdent leur aspect fastidieux.

Vous ne pouvez peut-être pas vous permettre une soirée costumée une fois par semaine, mais pourquoi pas une fois par mois ? Ou une fois l'an ? Peut-être une fois dans la vie ? Un jour, quelque part, et au moment où il s'y attend le moins...

J'ai reçu des rapports au sujet de centaines de costumes différents, de tout le pays. Ils prouvent la créativité de la femme américaine. Une femme m'avoua modestement que son costume était si frappant que même son caniche aboyait. Au lieu de conserver égoïstement toutes ces trouvailles, j'ai décidé de les partager avec vous. Voici donc de nouvelles idées !

L'échange turc

« Après 11 ans remplis par l'étude et la pratique du droit, deux garçons, le train-train quotidien, nous commencions à nous enliser rapidement, m'écrit une femme de Chicago. Lorsque nos fils sont couchés chaque soir, que l'étudiant turc logeant chez nous étudie la harpe et écoute ses disques d'anglais, mon mari lui, est depuis longtemps descendu travailler au sous-sol avec sa serviette et je demeure seule en haut. »

Un lundi, elle décida de changer cet état de chose. Elle alla dans un magasin bon marché et acheta un sac plein de vêtements de nuit peu coûteux. Ce soir-là, elle essaya le premier ensemble, et appela son mari Arnold à l'interphone du sous-sol. Il se précipita, lui jeta un coup d'oeil et demanda : « es-tu ivre ? » Puis il vira les talons et redescendit au sous-sol. Elle fut déçue, mais décidée à tenter sa chance une autre fois.

Le mardi soir, lorsque tout le monde fut couché, elle servit le souper d'Arnold dans la chambre avec des fleurs, un peu d'encens, le *Boléro* sur le stéréo, et habillée d'un bikini de dentelles et de bas-filets noirs. Les yeux d'Arnold lui sortirent de la tête. « Nous ne sommes jamais arrivés au café et au gâteau, écrit-elle. Il a l'intention de m'emmener en deuxième lune de miel. Je sais qu'il y a encore beaucoup à faire, mais au moins j'ai l'intention maintenant. Le reste viendra. »

Parade de la St-Patrice

Une femme m'écrivit : « L'idée des costumes semble être amusante, mais étant donné ma garde-robe limitée, je ne peux avoir de très bonnes idées. Comment puis-je me costumer avec un budget si limité alors que mes enfants font partie d'un programme de lunch gratuit à l'école ? »

Vous n'avez pas besoin de beaucoup d'argent ou de temps pour rendre votre vie excitante, un peu d'imagination et de désir suffisent. Un simple drap peut vous servir de robe porte-feuille.

Jana enroula un simple drap bleu poudre autour d'elle, comme une toge, et s'installa sur une chaise longue avec un plat de raisins. Elle mangea tous les raisins en attendant Fred ! Lorsqu'il arriva finalement, elle souleva doucement le coin du drap et dit : « Je voulais t'aider à te détendre, commence ici ! » Le lendemain matin, son mari détendu lui dit, radieux : « Chérie, je me souviendrai toujours de toi hier soir ».

Une jeune Irlandaise célébra la Saint-Patrice en préparant des tartelettes avec de la crème à la vanille teintée de vert. Sa petite fille l'aida à faire des chapeaux pour leur *Famille Royale de Leprechaun* (petits lutins légendaires en Irlande), le roi, la reine et la princesse du pays des trèfles. Elle dit : « Je suis impatiente de voir la réaction de Bill devant la purée de pommes de terre verte. Et je me demande si les trèfles dessinés au stylo-feutre vert disparaîtront facilement de certaines parties du corps ».

Thé pour deux

Il est très amusant d'utiliser des choses usuelles pour faire ces costumes. Des femmes nous ont décrit l'emploi (avec succès) de vieux chapeaux, vieux vêtements transformés et du savon à barbe, même de boucles auto-adhésives et de sacs de thé pour des franges !

Une femme du Michigan passa sa maison au peigne fin pour y trouver des objets disponibles afin de créer de *l'atmosphère.* Elle plaça une ampoule psychédélique dans la lampe de la chambre à coucher et fit des banderolles de papier crêpe rouge qu'elle suspendit autour de trois côtés du lit. Au lieu de ruban gommé elle utilisa une gomme spéciale pour retenir les banderolles. En fouillant dans des boîtes, elle découvrit des carrés de fourrure synthétique. Elle les drapa sur le coussin de son sofa puis le posá sur le lit avec quelques oreillers. Elle rentra un pot de géranium du perron, les seules fleurs fraîches dont elle disposait. Quelques chandelles, de l'eau de cologne, et une vaporeuse chemise de nuit rouge complétèrent le tableau.

Son mari travaillait la nuit, elle l'attendit donc impatiemment jusqu'à minuit. Elle m'écrivit : « Sa surprise fut totale et la soirée merveilleuse ! » J'écris cette lettre pour vous poser une question : comment peut-on enlever douze taches de *Stikcum* (substance gommeuse qu'elle utilisa pour les banderolles) au plafond ? »

La charité s.v.p.

Il y a trois ans, alors que mes amies Stéphanie Noonan, Sara Slaton et moi-même étions les invitées du *Phil Donahue Show* à Breen Bay, au Wisconsin, Stéphanie suggéra la chose suivante pour l'Halloween : « Attendez que tous les petits soient passés, enlevez vos vêtements puis mettez un masque, une perruque et un imperméable. Sortez par la porte de derrière, puis revenez devant la maison et sonnez. Lorsque votre mari vous ouvrira la porte, ouvrez l'imperméable et dites « La-charité-s'il-vous-plaît ».

En cette soirée d'Halloween, les maris firent face partout en ouvrant la porte, à une apparition ne portant qu'un imperméable, un masque et une perruque. Nous en avons reçu quelques rapports.

En Californie, lorsque tout le raz-de-marée des petits lutins fut passé, une mère enfila son costume et sonna. Lorsque son pauvre mari fatigué ouvrit, il se trouva nez à nez avec un Frankenstein aux cheveux blonds et en bottes : « Charité s.v.p. ! » Il fut surpris mais se remit rapidement. Puis démontrant une certaine compréhension et beaucoup d'enchantement, il sourit : « Mon Dieu, n'es-tu pas un peu trop âgée, non ? »

En Oklahoma, une dame d'un certain âge enfila le masque de gorille de son adolescent, un imperméable, puis elle sortir en cachette. Craignant d'être vue par les voisins, elle frappa à la porte arrière. Lorsque son mari, ne soupçonnant absolument rien répondit, elle ouvrit timidement l'imperméable. Il fut si surpris par cet étrange lutin qu'il recula involontairement et tomba dans l'escalier de la cave, se fracturant une jambe.

Une femme de l'Ohio écrivit : « Je trouve cette histoire de l'Halloween si mignonne que je vais l'essayer, enceinte ou non. En y pensant bien, je devrais peut-être ajouter du papier crêpe orange et jouer à la grosse citrouille ». Il n'y a pas seulement les enfants qui gardent de précieux souvenirs de l'Halloween de nos jours !

Dick West, chroniqueur pour UPI, servit quelques conseils *aux maris* quant aux moyens de surprendre leurs épouses. Un mari bien préparé devrait toujours avoir une valise pleine de costumes dans le coffre de son automobile. « En revenant du travail, écrivait-il, vous vous arrêtez dans une station-service, filez vers les toilettes des hommes et enfilez un des costumes. Un soir vous pouvez arriver habillé en portier. Le soir suivant vous portez un ensemble de plongée sous-marine, un habit de chirurgien, un costume de voleur de banque, ou de serveur dans un bar-salon. L'important est de toujours produire un effet de surprise chez votre épouse ».

L'attitude du missionnaire

Partout des femmes amoureuses et audacieuses donnent du piquant à leur mariage à la très grande joie de leur époux. Une lettre très émouvante m'est parvenue d'une jeune missionnaire en Afrique.

Sa famille et elle vivaient dans une région très reculée avec le strict minimum. Elle me disait comment elle avait cherché au marché en plein air, des chemises de nuit. « Naturellement elles sont très sales, déchirées et usées lorsqu'elles arrivent ici. Mais j'en ai trouvé une jolie petite de couleur orange, juste à ma taille et ma lingerie est quelque peu renouvelée. »

Mon coeur en était troublé. Je m'imaginais comment je me sentirais dans les mêmes circonstances, à l'autre bout du monde, je décidai donc de lui envoyer quelques petites choses vaporeuses pouvant rendre ses nuits africaines plus exotiques. En fait, lorsque j'ai rassemblé tous les morceaux, le tout était trop petit pour en faire un colis, j'ai donc glissé le tout dans une enveloppe de papier brun et le lui ai envoyé.

Environ un mois après, j'ai reçu une lettre d'Afrique.

Je l'ai ouverte avec anxiété et j'ai commencé à lire : « Chère Marabel... chère, chère Marabel, chère, chère, chère ! ! !

L'enveloppe est arrivée hier ! Le volume de l'envoi a immédiatement piqué ma curiosité. J'ai couru jusqu'à la chambre à coucher en arrière de la maison, ai verrouillé la porte et, ai ouvert l'enveloppe. Je suis heureuse que tu l'aies envoyée dans une enveloppe brune ordinaire !...

« Mon mari est venu à la porte et se demandait pourquoi elle était verrouillée à 11 heures du matin. « Hé, chérie, m'a-t-il dit, que se passe-t-il ? » J'ai répondu : « Elles sont arrivées ! »

Il va sans dire que mon mari a été terrassé. Nous sommes presque morts de rire à cause des plumes ; puis nous avons cessé de rire... »

Fred

Avec deux jeunes enfants à la maison, il était difficile pour Dorothy de rester discrète tout en développant son esprit créateur : « Après le dîner, j'ai doucement dit à l'oreille de mon mari : « Je peux sembler peu sexy de l'extérieur mais en-dessous, je suis totalement nue ».

Si les enfants n'avaient pas été là, je crois qu'il m'aurait plaquée là, sur le plancher de la salle à manger, et qu'il m'aurait prise sur place. A la place, nous avons couché les enfants tôt et le reste fut formidable, entièrement satisfaisant, indescriptible. »

Et que faire si votre mari ne réagit pas à votre surprise ? Premièrement, vérifiez si votre attitude est égale à votre costume. Mon amie Gail Lorson m'a dit : « Votre attitude est le meilleur costume que vous puissiez porter, c'est aussi le moins coûteux, mais parfois le plus difficile à changer ».

Si votre mari pense que vous avez démolit l'automobile et réagit comme *Daniel douteux* ou *Cyrille le Cynique,* donnez-lui le temps de reprendre son souffle. Mais finalement, s'il n'a toujours pas de réaction, prenez son pouls.

Un parent en visite, expliqua un jour à Archie Bunker que le mariage après vingt-cinq ans était comme une boîte de *Cracker Jack* sans surprise. Archie répondit : « Et qu'avez-vous donc contre le *Cracker Jack* tout seul ? »

Rien du tout, Archie. Si ça vous amuse. Mais beaucoup d'hommes aiment les surprises.

Si votre mari n'aime pas les costumes ou les autres choses que je recommande, alors, bon Dieu, ne les faites pas. Le but de tout ceci est de *lui* plaire, et de *le* satisfaire. Il s'agit là d'un moyen positif d'assurer votre propre satisfaction.

Les premiers temps

L'orgasme, ou l'absence d'orgasme, est un des problèmes majeurs chez la femme pour son équilibre. Étant donné que le sujet de l'orgasme est un sujet intime de toute façon, il est encore plus difficile pour les femmes d'en parler. Certaines ont même écrit pour demander : « Comment mon ami peut-il avoir un orgasme ? »

Une femme m'avoua que le plus grand désappointement de son mari était le fait qu'elle ne pouvait atteindre un orgasme complet : presque, mais pas complet. Son mari jouit beaucoup lui-même mais a l'impression de la frustrer.

Naturellement, le but des relations sexuelles n'est pas l'orgasme même, mais surtout le rapprochement, l'union et l'amour mutuel. Si, toutefois, elle atteint un orgasme, la femme en ressent une satisfaction complète.

On a consacré plusieurs livres au sujet de l'orgasme, certains aussi secs et froids que les étagères sur lesquelles ils demeurent. Quels que soient les moyens employés, le docteur David Reuben dit : « La seule chose qui prive une femme d'un nombre illimité d'orgasmes est environ deux livres de tissu, le cerveau. Seul votre cerveau peut vous dire : *OK* - maintenant, détends-toi et jouis. Lorsque vous vous laissez aller vous pouvez atteindre le seuil d'un orgasme et un jour vous pourrez atteindre le sommet de cette joie exquise et de ce soulagement incroyable qu'est l'orgasme. »

Une ménagère, mariée depuis vingt-cinq ans, mère de cinq enfants m'écrivit : « Même si je me détends autant que possible, je n'atteins jamais l'orgasme. Mon mari ne sait pas où se trouve le clitoris ».

Je lui ai répondu : « Dites-le lui. Si votre mari est dans le noir à ce sujet, dites-lui où se trouve votre clitoris, et toute autre partie que vous aimez vous faire caresser tout particulièrement. Vous pourrez probablement atteindre un orgasme lorsqu'il massera doucement et de façon rythmique votre clitoris. Mais il est essentiel de savoir où le trouver ! N'abandonnez pas. Cela peut prendre du temps, mais l'attente en vaut la peine ».

Après cinq années de mariage, Sandy décida de rendre beau, l'acte de l'amour avec son mari. Elle se dit : « Après tout, si Dieu avait toutes ces bonnes intentions pour nous, qui suis-je pour les mettre au défi ? » Résultat : « J'ai connu mon premier orgasme ! Mon mari est très content et je souris sans arrêt depuis ! »

Le Temps des Ovations

Le sexe refait et renouvelle un homme. Partout au pays, les femmes découvrent, parfois pour la première fois, que le sexe les recharge elles aussi. Nous avons reçu des rapports d'autres bienfaits thérapeutiques tant chez les femmes que chez les hommes, il paraît que le sexe bat l'aspirine pour soulager la tension, et peut même aider à contrôler l'embonpoint.

Après un intermède sexuel réussi, les hommes deviennent souvent très créateurs. Un homme satisfait renvoya la balle et fit une surprise à sa femme, après leurs relations. Lorsqu'elle rentra tard d'une réunion, ce soir-là, elle découvrit tout le repassage proprement accroché dans la salle familiale, et sur la planche à repasser elle découvrit une note : « Je t'aime, *femme totale* ».

Un changement d'attitude change bien des choses. L'épouse d'un artiste commença à satisfaire son mari de toutes les façons possibles. Et dès qu'elle entreprit ce changement, il changea de façon incroyable. Elle dit : « Il adore la peinture, mais lorsque je lui annonce être prête pour aller au lit, il laisse tomber ses pinceaux et accourt. Il a même changé la peinture à l'huile pour l'acrylique afin de se laver plus rapidement ! »

Les psychologues disent que l'homme a deux besoins devant être satisfaits par son épouse ; et s'ils le sont, il l'adorera. Le premier est l'amour sexuel tendre et le second, les compliments.

Lorsque Georges entra à la maison un soir, Anne savait qu'il était crevé et vidé. Il avait besoin d'une dose immédiate et désespérée de sexe et de compliments. Après un délicieux dîner, Anne se retira dans la chambre à coucher, décidée de satisfaire à ces deux besoins essentiels. Après qu'ils eurent fait l'amour passionnément, ce soir-là, Anne sauta hors du lit et se mit à applaudir !

1. Peignez votre chambre à coucher. Choisissez une couleur douce que vous aimez, achetez du papier peint et posez-le vous-même. Peignez les bordures, la boiserie et le plafond en blanc. Si votre chambre est belle vous affronterez mieux les problèmes de la journée ou de la nuit.
2. Préparez l'atmosphère amoureuse dès le petit déjeuner (s'il en prend un). Placez des chandelles sur la table, surtout l'hiver s'il fait encore nuit. Les fins de semaine, ou lorsqu'il n'est pas pressé de partir pour son travail, servez-lui son petit déjeuner au lit. Pendant qu'il dort encore, apportez le café, des brioches et du jus d'orange sur un plateau dans votre belle vaisselle. Enfilez un vêtement sexy et réveillez-le en l'embrassant.
3. Maintenez une ambiance d'amoureux dans votre chambre. Achetez des ampoules teintées pour les occasions spéciales, ou drapez une chemise de nuit rouge sur la lampe pour obtenir un effet de lumière diffuse, chaude et douce. Préparez-vous dès maintenant à faire l'amour, ce soir. Soyez disponible et accueillante, mais pas trop provocante.

Quatrième Partie
La Joie de Vivre

9. *Les Traités de paix*

Depuis le premier jour de notre rencontre jusqu'au jour de notre mariage, Charlie et moi n'avons jamais eu de tension dans nos conversations. Nous parlions sans arrêt à propos de tout et de rien. Je ne me suis jamais sentie mal à l'aise auprès de lui. J'étais complètement sous le charme de cet homme intéressant et bon causeur. Je me souviens d'une soirée où nous sommes restés pendant des heures à discuter dans le coin d'un restaurant. Nous ne sommes retombés sur terre que lorsque le regard glacial du garçon de table nous rappela à la réalité.

Je savais que ma vie, une fois mariée avec Charlie, serait toujours aussi passionnante et stimulante. Le monde vibrait, les étoiles brillaient et l'herbe semblait plus verte encore. Mon coeur chantait avec les oiseaux tous les matins. Comme j'aimais cet homme à la conversation facile !

Et nous nous sommes mariés...

Vous avez peut-être vu le dessin humoristique de l'homme assis, au petit déjeuner, lisant son journal. Sa femme est certaine qu'il n'écoute pas, mais elle demande tout de même : « M'écoutes-tu chéri ? »

« Naturellement, chérie » répond-il.

Désappointée, elle crie : « Tu sais que le bébé souffre de la fièvre de la jungle ».

« Oui, chérie », répond-il.

« L'inspecteur du Comté a condamné notre maison parce qu'elle est infestée de termites géantes ».

« Oui, chérie ».

« Les communistes ont bombarbé New York et tué le président ! »

« Oui, chérie ».

Exaspérée, elle remet durement la tasse de café dans la soucoupe et sort. Le mari lève les yeux du journal, secoue la tête et pense en lui-même : « Qui peut donc comprendre les femmes ? »

Charmante conversation

Selon un conseiller matrimonial, « le problème avec les ménages d'aujourd'hui, c'est le manque de communication entre les époux ».

La communication est un échange verbal à l'aide de mots pour l'émission de messages ou d'opinions. Tout au long de notre première année de mariage, nous avons lentement dressé des barrières. Je ne savais ce qui les avaient provoquées et je ne savais pas comment les faire disparaître. Finalement, nos communications cessèrent complètement. Notre vie sexuelle aussi. Malgré nos efforts de réconciliation après nos querelles, je sentais que le fossé demeurait.

Avant de pouvoir me vider le coeur, il me fallait rétablir un climat de réceptivité, et Charlie désirait la même chose. Je ne savais pas qu'un homme pouvait être incapable de communiquer avec une femme qui le harcelait. J'éteignais l'amour que Charlie avait pour moi. J'étais responsable de la rupture de nos communications. Je ne savais pas comment le satisfaire. Lorsque j'ai découvert comment, Charlie a recommencé à me parler.

Dans tout mariage - en fait, dans toute relation - Lorsque les lignes de communication sont ouvertes et que les deux parties donnent réciproquement, il y a habituellement espoir de régler tous les problèmes. Comment peut-on maintenir ces lignes de communications ouvertes ? Permettez-moi de vous présenter quelques suggestions qui m'ont aidée ainsi que bien d'autres.

Premier point :
Pensez aux qualités positives chez les autres

Étant donné ma tendance à parler avant de penser, j'essaie de suivre la règle principale de la Bible : « Fixez vos pensées sur les choses qui sont bonnes, vraies et correctes. Pensez aux choses pures et belles, et appuyez-vous sur les bons points des autres. Pensez à toutes les raisons possibles de bénir le Seigneur et soyez-en heureuse. »

Je sais que ces données peuvent vous sembler un peu naïves mais lorsque je suis cette ligne de conduite, je me sens heureuse. La haine, la jalousie, l'aigreur et la peur sont des émotions négatives et destructrices. Lorsque je m'efforce à penser aux *choses bonnes,* je commence à éprouver de la sympathie pour Charlie - et les autres gens aussi - et je ne suis pas longue à la voir grandir chez eux.

Carlton Booth disait : « Les gens se soucient peu de vos connaissances, ils veulent savoir si vous les aimez ».

Deuxième point :
Parlez de ses intérêts

Moteur rénové, la lettre commençait ainsi : « Que devrais-je faire ? Lorsque j'étais encore une enfant stupide et jeune, j'ai épousé un homme de vingt-six ans mon aîné. Maintenant, nous allons chacun de notre côté et nous ne nous parlons jamais. Y a-t-il un remède à ce mariage ? Mes nerfs, ma santé et ma paix mentale en souffrent. »

A cause de la différence d'âge, les circonstances de ce cas étaient particulièrement difficiles, mais non impossibles. Afin de briser le silence, quelle que soit la génération, je trouve toujours pratique de parler des intérêts d'autrui.

La femme d'un coureur automobile amateur m'écrivit : « J'ai presque provoqué la perte d'une automobile en discutant avec mon mari de sa Véga reconstruite. J'ai suggéré qu'il place un petit bloc moteur pour le Grand Prix des fêtes. Steve appuya sur les freins (oubliant l'auto derrière nous) et avec le regard le plus satisfait du monde, demanda : « Où as-tu appris cela ? » Il est technicien en automobile, je crois donc l'avoir appris de lui. Il adora mes commentaires. »

Troisième point:
Posez des questions

Lorsque je ne trouve pas d'entrée en matière, soit avec mon mari, soit avec toute autre personne, je trouve bon de poser une question. Même si cela semble très égoïste, tout le monde est heureux de savoir qu'une autre personne s'intéresse à son point de vue et pose des questions sur ses intérêts dans la vie.

Lorsqu'on me pose une question aimable, je pense : « Mon Dieu que cette personne est intéressante ! » Lorsque je réponds à des questions sur des sujets que je connais bien, il n'y a aucune tension et je ne taris plus sur les détails de ma vie.

Je trouve que les questions destinées à faire sortir l'autre personne d'elle-même, la mettent aussi à l'aise. Ces questions, non seulement stimulent la conversation et créent un contact immédiat, mais j'apprends aussi une foule de choses. Lorsque je parle, je sais ce que je vais dire, mais je ne sais pas ce que les autres pourront me répondre.

Dorothy Shula, épouse de l'entraîneur en charge des *Dolphins de Miami,* me disait : « Lorsque Don est le conférencier invité, il est habituellement assis à la table d'honneur avec des personnes célèbres. Il leur parle toujours de leur spécialité et revient toujours de ces dîners ayant appris du nouveau ».

Albert Einstein disait aussi découvrir une foule de renseignements en posant des questions. Il n'a jamais cessé de poser des questions *enfantines.* N'oubliez pas : plus une femme pose de questions, plus elle apprend, et plus elle connaît de choses, meilleures sont ses décisions.

Quatrième point:
Arrêtez-vous, écoutez et regardez

Le périscope : Il y a quelques années, Charlie et moi avons reçu une invitation à l'inauguration d'un centre d'art. Au milieu de la cohue et des présentations, je fus fascinée par l'arrivée d'une femme plutôt bruyante. Je l'ai surveillée pendant qu'elle faisait le tour de la salle, se présentant aux personnes présentes. Après quelques commentaires courts et insipides, elle regardait autour d'elle, au-delà de son périmètre immédiat, tout comme un périscope surveillant l'océan.

Elle vint vers nous et insista sur le fait que nous nous étions rencontrés auparavant. Nous avons subi les mêmes commentaires insipides puis elle se mit à regarder au-delà de nous. Levez le périscope, tournez. Une autre proie en vue. Et la voilà partie.

Le tout s'est passé très rapidement. Je savais que la demoiselle se croyait formidable et désirait nous épater, bien qu'elle n'eut pas posé une seule question. En fait, elle n'avait même pas pris le temps de connaître nos noms.

Je continuai de la regarder parler sans s'arrêter aux gens qui restaient indifférents. Je me demandais pourquoi elle agissait ainsi. Peut-être sous son apparente confiance, cachait-elle un manque de sécurité.

La Duchesse de Windsor disait : « Une femme doit apprendre à bien écouter ». Et je suis d'accord. Non pas parce qu'il s'agit d'une femme mais parce que tout le monde doit apprendre à écouter. Nous venons tous au monde désireux de nous faire entendre de tous. Les enfants, particulièrement, crient souvent pour se faire entendre.

Les personnes qui parlent sans arrêt ont souvent besoin d'être réconfortées ; j'ai cependant le réflexe de les éviter. N'importe quel homme qui en a épousé une, ressent habituellement la même envie.

Paula Parlante n'a jamais compris la cause de son divorce - sauf lorsqu'il fut trop tard. « Ce n'est pas surprenant qu'il soit maintenant dans les bras de ma meilleure amie » dit-elle tristement. Elle admit que son attitude avait été négative. « Je le harcelais, je me plaignais et je le traitais comme un vilain petit garçon, le rabaissant et contrariant toutes ses aspirations. Naturellement, si quelqu'un m'avait parlé de tout ce gâchis il y a un mois, je me serais écriée : « C'est tout de la faute de Larry ».

Elle poursuivit avec regret : « Je l'ai tout simplement forcé à partir et à agir ainsi. Je réalise maintenant qu'il se sentait seul et triste depuis bien des années. Si seulement j'avais su voir clair dans la situation à ce moment-là. Je croyais que nous avions de bonnes communications, mais comment pouvaient-elles l'être puisqu'il ne pouvait jamais dire un mot ! »

Cinquième point: Encouragez

J'ai regardé un tournoi de golf à la télévision récemment. Jack Nicklaus et un autre joueur se préparaient sur le vert. Le partenaire de Jack fut le premier à jouer. Il se prépara soigneusement et joua. Le coup semblait bon mais la balle passa juste à côté du trou. Le commentateur dit : « Il ne gagnera jamais à jouer comme cela ».

Puis ce fut le tour de Jack. Son coup était plus court mais il prit plus de temps pour se préparer. Puis il frappa la balle. La balle roula six pouces au-delà du trou. Cette fois-là, le commentateur dit : « C'est assez surprenant de voir Jack manquer un coup roulé comme celui-là ».

Quelle différence dans ces commentaires : « Il ne gagnera jamais » vs « C'est surprenant ». Les mêmes coups et le même commentateur et le même score, mais un commentaire était décourageant et l'autre encourageant.

Abraham Lincoln disait : « Vous ne pouvez pas aider les petits hommes en dénigrant les grands. Vous ne pouvez pas raffermir les faibles en affaiblissant les forts ».

Les épouses comme les commentateurs se rendent coupables de ces paroles décourageantes. Un samedi, Dave décida de tailler un énorme arbre qui encombrait le terrain. Il y travailla toute la journée. A 4 heures, son épouse rentra de faire les courses juste comme il s'essuyait le visage sur sa manche, « Alors, dit Dave fatigué, qu'en penses-tu ? »

D'un coup d'oeil, elle ignora son travail éreintant et déclara énergiquement : « Tu as certainement encore beaucoup à apprendre ».

Quel maître dans l'art du dénigrement subtil ! Elle aurait pu soulager la fatigue de David tout simplement en disant : « Chéri, tu fais un travail formidable ; je sais combien il fait chaud ici, mais regarde tout ce que tu as réussi à nettoyer déjà. Le jardin va être très beau ! »

Dans combien de foyers américains, les mots d'encouragement sont choses rares et les jours de tempête nombreux.

Lorsque j'ai mal

Dans mon cas, il m'est très difficile de communiquer lorsque je suis blessée. Pas le genre de blessure qui requiert un bandage ou une aspirine, mais le vrai mal. La rage folle. La blessure de la désillusion. Lorsque ces choses surviennent, il est difficile de demeurer calme ; surtout si vous êtes mariée à un avocat calme qui pourrait dormir pendant que la maison brûle.

Je suis passée par là souvent, et je suis ravie de vous transmettre un peu d'expérience personnelle (ainsi que celle d'autres femmes) quant au meilleur moyen d'éteindre le feu.

Lorsque je suis fâchée ou sous pression, j'ai tendance à réagir immédiatement et de façon négative à toute nouvelle idée. Et lorsque je dis non, dans ma tête, je claque inévitablement la porte sur Charlie.

Une telle réaction, soit mentale ou physique, pose un ultimatum, une situation de « Fais-le ou il y aura un malheur ». Lorsqu'on claque la porte, toutes les communications sont interrompues. Il ne reste plus de place pour les compromis ou les négociations. De plus, l'autre personne ne peut pas sauver son orgueil, que ce soit le mari, le voisin ou une amie.

Alors, au lieu de prendre une décision soudaine et draconiene, j'essaie de me donner le temps de penser et de me calmer.

Ne vous renfermez pas sur vous-mêmes

La Bible dit : « Si vous êtes fâché, ne péchez pas en conservant de la rancune. Ne laissez pas le soleil se coucher avant d'avoir libéré votre colère, finissez-en... A la place, soyez bons l'un pour l'autre, ayez le coeur tendre, pardonnez-vous les uns les autres, tout comme Dieu vous a pardonné. »

J'ai entendu un mari faire une plaisanterie au sujet de son mariage : « Ma femme et moi ne nous couchons jamais fâchés, mais il y a eu un incident où nous sommes restés debout pendant trois mois ! » Les problèmes qui ne sont pas réglés avant de se coucher semblent bien plus importants le lendemain et s'ils demeurent sans solution ils peuvent finir par affecter votre santé.

Le chroniqueur Dr. T.R. Van Dellen, écrivait : « Les hommes vigoureux et en santé peuvent habituellement endurer assez bien les petites douleurs et petits malaises mais la colère, la frustration et la tristesse les privent de leurs forces. Depuis des siècles, les troubles émotifs tels la colère sont reconnus pour occasionner des douleurs du thorax (angine de poitrine), et la mort subite. L'animosité entraîne une hausse de pression sanguine, ressère les vaisseaux sanguins, augmente le taux d'acidité gastrique, trouble l'estomac et augmente le taux de sucre dans le sang. »

Parfois une femme laisse des discussions en suspens et laisse mûrir son agressivité tout simplement parce qu'elle redoute la confrontation. Il n'est jamais amusant d'affronter une autre personne, le coeur battant, une boule dans la gorge défendant une position ; mais parce que les confrontations forcent les gens à penser et à prendre position, elles sont parfois nécessaires.

Il y a un proverbe qui dit : « Un homme sage retient sa colère et ignore les insultes. C'est à son avantage ». Si vous, vous êtes en paix avec vous-même, vous pouvez ignorer les petits ennuis, mais vous découvrirez que vous ne pouvez ignorer ou retenir les choses importantes. Si vous poursuivez une confrontation imaginaire, jour après jour, vous deviendrez rapidement esclave de votre opposant imaginaire et votre vie en sera détruite. Il est préférable d'exprimer vos sentiments verbalement et calmement, si possible, plutôt que de devenir un esclave frustré.

Si une chose vous trouble, ne la retenez pas en vous. Mais lorsque vous en parlez, veillez à attaquer le problème et non la personne. Vous n'avez pas à compromettre votre prise de position, mais votre gentillesse peut convaincre lorsque les mots ne le peuvent pas. N'oubliez pas que « Un homme convaincu contre son gré garde toujours la même opinion ». N'évitez pas le blâme, lorsque votre époux saura que vous l'acceptez totalement, il commencera à vous dire ce qu'il n'aime pas. C'est aussi une forme de communication. S'il se sent assez libre pour vous le dire, c'est merveilleux. Réagissez en écoutant attentivement. Pendant qu'il parle ne l'interrompez pas pour vous défendre. Si vous reconnaissez votre erreur, ou décidez que son idée est la meilleure, dites-le lui. Comme il est difficile de dire ces trois mots : « Tu as raison ! »

Ne gardez pas rancune : lorsque la guerre est finie, oubliez et pardonnez. Le pardon implique même qu'il y ait eu un tort contre vous, mais il n'est pas subordonné aux excuses des autres. Le pardon peut même être une voie à sens unique. Pour Jésus Christ, il l'était.

Il a dit de toujours pardonner - 490 fois. Il s'agit peut-être des accès de colère que vous ressentez chaque fois que vous pensez à votre pauvre sort. La colère, pour être rejetée, requiert une solide dose de pardon.

Lorsqu'il a mal

Tôt dans notre vie de ménage, Charlie m'expliqua la signification des *Prérogatives avocat-client.* Simplement exprimé, cela signifie qu'étant donné les relations confidentielles avec ses clients, il ne pouvait me parler de leurs problèmes. Il ne pouvait même pas me dire qui était venu le voir au bureau. Je me sentis un peu blessée mais j'essayai de comprendre.

Un soir, il me parla de certains aspects d'un cas, sans me donner de noms. J'étais excitée (en fait, ivre de puissance) par mes connaissances et le soir suivant j'en parlai à un groupe d'amis. Charlie me regarda avec un visage de sainte horreur. J'ai soudain réalisé que ces amis étaient probablement les clients dont il avait parlé !

Ce fut le début de la rupture de nos communications. J'avais trahi sa confiance et il savait ne plus pouvoir me faire confiance à nouveau. Naturellement, il ne parle toujours pas de *Qui* ou de *Quoi* du bureau, mais nous nous faisons confiance dans les autres domaines de notre vie.

Une épouse de Détroit m'écrivait : « Mes amies et moi-même parlons des défauts de nos maris, puis nous discutons ; comme ce serait merveilleux s'ils pouvaient changer ». Il faut être loyal dans la vie, mais surtout dans le mariage. Être loyal signifie être fidèle, vrai et constant. Un manque de loyauté peut entraîner la destruction de l'autre. Si il est important pour une femme de ne pas harceler son mari et de ne pas tout garder en dedans d'elle-même, il est aussi important pour elle de ne pas le trahir. Un Proverbe dit : « Celui qui pardonne et enterre une offense recherche l'amour, mais celui qui en reparle constamment perd même ses plus proches amis ». Et son mariage.

Wayne Newton, chanteur renommé parla récemment de son épouse Elaine en l'appelant *la femme totale du show business.* Il dit : « Lorsqu'elle vient assister à un de mes spectacles, elle n'est qu'une admiratrice, et je l'en remercie. Je n'ai pas besoin d'elle pour me dire quoi faire et ne pas faire. J'ai déjà suffisamment de critiques. »

Dans certains cercles sociaux, le passe-temps favori est de critiquer son époux. Le docteur Thomas Harris, auteur de *Je suis bien, tu es bien,* écrit : « Une personne qui s'amuse du jeu de *Ce n'est pas terrible, non !* accepte mal les faits. Si les voisines jouent le matin à *Les maris sont stupides,* elles n'aimeront pas recevoir la femme nouvelle qui annonce joyeusement que son mari est une perle. »

Le chapitre treize des Corinthiens I est connu sous le nom du *Chapitre de l'amour* dans la Bible. Si vous aimez une personne, le verset sept stipule que vous lui serez loyal à tout prix. La loyauté est alors décrite de trois façons différentes.[20]

1. Croyez toujours en lui. Lorsque vous avez un désaccord avec votre époux, vous pouvez garder confiance en l'homme même si vous n'êtes pas d'accord avec son idée.

2. Attendez toujours ce qu'il y a de mieux de lui. Lorsque votre mari émet une nouvelle idée, encouragez-le. Au lieu de vous attendre au pire, en le harcelant et en trainant la patte, soyez son admirateur. Exprimez-lui votre confiance en son succès et regardez l'esprit de corps naître au sein de votre famille.

3. Restez toujours sur vos positions en le défendant. Plusieurs femmes passent leur doctorat dans l'art d'abaisser leur époux. Ce cours très populaire est tout désigné pour détruire toute confiance et toute initiative chez un homme. Lorsque vous rabaissez votre époux, vous vous abaissez vous-même. Après tout, il est *Votre* mari.

Rompez le silence

Il y a quelques années, on fit circuler un questionnaire parmi les militaires dans le but de découvrir ce qu'ils recherchaient le plus dans une épouse. Chose surprenante (pour moi en tout cas), leur désir premier - avant la beauté, le sexe ou l'intelligence - fut : *le réconfort.*

Un homme rentre à la maison pour avoir ses aises et être réconforté. Si votre homme a eu une journée terrible, il se sent mal. Vous pouvez aider à rehausser son niveau jusqu'à *Confiant de nouveau.*

Ces principes de communication sont importants dans toutes les relations personnelles. Ils font renaître les joyeuses conversations. Ils aident à soulager la douleur lorsqu'il souffre ou lorsqu'elle souffre. J'ai reçu des milliers de lettres attestant de leur valeur.

10 *Ça reste dans la famille*

Un adolescent solitaire et assoiffé d'amour écrivait : « Je vins au monde avec une mélancolie persistante. Ce qui me frustrait le plus était mon manque d'attachement à ma famille et à mes amis. Je n'avais aucune valeur valable. Je menais une existence à part et en fait, j'étais la parodie d'un être humain - littéralement et au figuré. Je ne pouvais conter des histoires drôles. J'étais *la farce* ».

Il poursuivait : « J'ai cessé de grandir il y a longtemps. Je ne suis jamais devenu une vraie personne et je ne peux plus tolérer l'existence vide et fausse que j'ai créée. Plus rien ne m'intéresse en ce monde et je n'intéresse plus personne ».

En 1975, le jour de la St-Valentin, un couple conduisant dans les bois de Louisiane découvrit son corps pendu à une branche d'arbre, un drap noué autour du cou.

Une jarre pleine de papiers reposait au pied de l'arbre. Une des notes disait : « Si vous recherchez mon identité vous dépenserez des centaines de dollars pour rien : vous ne trouverez rien d'illicite, ni de louche. Tout ce que vous pourriez réussir à détruire, serait la paix domestique de deux êtres innocents. Ne leur enlevez pas l'espoir du retour de leur fils disparu. Laissez-moi aller. Oubliez tout comme s'il ne s'était rien passé ici. Brûlez mon corps sous le nom de *John Doe.* »

Au dernier rapport, on enterra son corps sans l'identifier et il ne fut pas réclamé.

Patate chaude

On raconte l'histoire du Président James Garfield et d'un ami qui traversaient la rue un jour ; Garfield salua le vendeur de journaux sur le coin. En poursuivant leur route l'ami du président lui demanda : « Le connaissez-vous ? »

Garfield répondit : « Non, je l'ai salué car qui connaît le coeur qui bat sous cette veste ? »

Un garçon est la seule chose dont Dieu peut faire un homme. Dans son processus de fabrication d'un homme, les parents jouent un rôle primordial - surtout la mère. Selon la tradition, les mères passent plus de temps avec leurs enfants tout au long des années de formation. Même quand la mère relève ce défi résolument et même passionnément, le poids de cette responsabilité semble, parfois, accablant.

Lorsqu'une de ces journées accablantes l'assaille, une mère a tendance à en blâmer ce petit diable qui est un étourdi. L'enfant est le coupable. L'est-il vraiment ? Si les parents savent à peine comment élever leurs enfants, comment pouvons-nous demander aux enfants de nous guider ?

Plusieurs auteurs ont comparé les enfants aux plantes. Ils ont besoin de soins, d'eau et d'aide. N'est-il pas intéressant de voir les jardiniers parler à leurs plantes, et même leur jouer de la musique pour les aider à pousser ? Si les horticulteurs parlent à leurs plantes, pourquoi ne pas parler à vos enfants ?

Donnez le plus de temps possible à votre enfant - et plus encore - car très rapidement, il partira et votre temps d'influence aura disparu. Il faut prendre le temps de cultiver un climat nécessaire pour que les enfants grandissent sains et forts.

Lorsque l'enfant et le bébé ont crié et pleuré toute la journée, la tendance naturelle de la mère est de faire des reproches, non seulement aux enfants, mais à son mari aussi. Je harcelais jadis Charlie dès l'instant qu'il entrait. « S'il te plaît, joue avec les enfants. Ils ne savent même pas qu'ils ont un père. Je suis restée avec eux toute la journée. Tiens, prends-les ! » Il lui semblait qu'il faisait une relève de la garde. Il n'est pas surprenant qu'il ait levé le journal encore plus haut !

Mais lorsque j'ai commencé à voir aux besoins de Charlie en tant que personne, il devint un père et un époux merveilleux. Il agit comme s'il voyait les filles pour la première fois, et depuis passe des heures avec elles.

Je réalise maintenant que le meilleur moyen d'aider un enfant est d'aider les parents, en commençant par la mère. Si les parents n'aiment pas la façon d'agir de leur enfant, il ne faut pas seulement changer l'enfant. Tout comme le disait un conseiller matrimonial : « Si Jean est comme une patate chaude, il ne se refroidira pas en le jetant d'expert en expert, mais il faut changer le four à la maison ». En réparant le four, je crois que la meilleure chose qu'une mère puisse faire pour ses enfants est d'aimer leur père.

Quelque chose de mieux

L'influence de la mère détermine si les enfants seront des bénédictions ou des fardeaux. Lorsque j'ai mentionné cette pensée lors d'une conférence, une femme se pencha vers sa voisine et murmura : « Moi, j'en ai un de chaque sorte ».

Il est difficile et troublant d'élever un enfant, mais c'est aussi facile et amusant. Les principes sont très simples, mais nous les dédaignons souvent dans notre monde perverti du 20ème siècle.

Henry Anslinger, ancien directeur du *U.S. Bureau of Narcotics* disait : « Il y a plusieurs facteurs responsables de l'échec moral et mental de notre jeunesse, mais le facteur primordial est la défaillance de la famille ».

Le docteur Joel Fort de *Fort Help* à San Francisco ajoute : « Des vrais liens familiaux, de l'affection et de l'amour peuvent seuls faire échec à la drogue. Ce quelque chose de positif qui démontre à l'enfant que le plaisir et un sens à la vie ne viennent pas de l'extérieur mais de soi-même ».

Lorsqu'un médecin demanda à un jeune habitué de la drogue pourquoi il utilisait les drogues, le jeune répondit : « Pourquoi pas ? » Le docteur poursuivit : « Comment pourrait-on vous convaincre d'arrêter ? »

« Montrez-moi quelque chose de mieux », répondit-il.

C'est justement notre but. Toute la journée Charlie et moi parlons, et prions et travaillons pour donner à nos enfants *Quelque chose de mieux.* Voici un aperçu des principes selon lesquels nous vivons.

Le matin

Une mère me dit qu'elle n'embrassait plus son adolescente parce qu'elle croyait que les adolescentes étaient trop vieilles pour ce genre de chose. Lorsqu'elle réalisa l'importance du contact physique, elle commença à donner un baiser à sa fille au départ pour l'école le matin.

La mère me raconta plus tard ce qu'elle essaya : « Lorsque je l'ai embrassée le premier matin, elle se retira et dit : « maman ! » Le deuxième matin elle ne se retira pas mais ne réagit pas beaucoup. Le troisième matin, c'est elle qui m'a embrassée ! »

Caresses et tendresse

Il n'est jamais trop tard pour recommencer, quel que soit l'âge de votre enfant. Partout en Amérique, des milliers de gens se rencontrent quotidiennement en thérapie de groupe dans le but principal de se toucher mutuellement. Chaque personne naît avec un besoin humain fondamental d'être touchée par les autres. Les parents qui ne touchent pas leurs enfants ne satisfont pas ce besoin vital et empêchent leurs enfants de se sentir aimés.

Un enfant qui ne reçoit pas les caresses dont il a besoin peut les chercher ailleurs. Les psychologues encouragent fortement les parents à continuer à choyer et à chahuter avec leurs enfants, surtout vers l'adolescence. Ils disent qu'en fait la raison du déchaînement sexuel chez les jeunes correspond surtout à un besoin d'être serré dans les bras de quelqu'un.

L'attouchement peut aussi rendre un enfant plus habile dans l'étude. Un professeur d'école primaire disait qu'elle avait tout tenté pour enseigner la lecture à un élève, sans succès. Finalement, elle prit l'enfant de six ans sur ses genoux et le serra dans ses bras ; ils lurent alors ensemble. Et il apprit à lire très rapidement !

Henry Ward Beecher disait : « La première heure de la journée sert de gouvernail pour toute la journée ». C'est pourquoi lorsque je me lève le matin, j'embrasse mes filles tendrement. Un jour de la semaine dernière, j'ai oublié. Je me suis réveillée crevée et j'ai rampé jusqu'à la cuisine. Quelques minutes plus tard, Michèle entra et me regarda préparer le petit déjeuner encore abrutie. Après quelques minutes de silence, elle soupira : « Personne ne m'a embrassée de la matinée ». Nous n'étions levés que depuis cinq minutes, mais déjà elle trouvait que *quelque chose* lui manquait.

Les garçons ont besoin d'être touchés tout autant que les filles. Le fils de Marianne a quatorze ans et mesure 6 pieds. Il hausse habituellement les épaules lorsqu'elle l'embrasse. « Mais s'il se couche avant moi, il vient me retrouver et reste là en disant : « Alors, je vais me coucher maintenant... » Il sait que je vais l'embrasser et lui dire combien je l'aime. Même s'il n'est plus un petit garçon, il a encore besoin d'être choyé ».

Aimer sans condition

Le fils de M. Carlson fut mis en état d'arrestation pour usage de drogues. Le lendemain, M. Carlson parla de l'incident à son associé qui lui répondit : « S'il s'agissait de mon fils, je le mettrais à la porte ». « S'il s'agissait de ton fils, je le mettrais à la porte aussi, rétorqua M. Carlson, mais il s'agit du mien et non du tien. »

Mes filles savent que je ne les mettrai jamais à la porte, quoi qu'il arrive. Naturellement, je ne suis pas toujours d'accord avec tout ce qu'elles font, mais cela n'affecte pas mes relations avec elles. Elles savent que je les aimerai toujours, même si je ne suis pas d'accord avec leurs agissements. Et j'espère ainsi leur fournir une bouée de sauvetage pour les années d'adolescence. Je dis : « J'espère » car Laura et Michèle n'ont pas atteint l'âge de l'adolescence, je ne peux donc pas parler d'exemples personnels, je peux seulement partager les expériences des autres.

Mon amie Lynne expliqua à sa fille de sept ans qu'elle l'aimerait toujours quoi qu'il arrive. Un mois après, Lynne qui était en retard pour une réunion, précipita le dîner de sa famille. Puis elle sortit comme une folle, grondant après sa fille qui tentait vainement de l'embrasser.

En route pour la réunion. Lynne se sentit envahie par le remords de sa conduite inexcusable. Elle s'arrêta à une cabine téléphonique et appela à la maison. Lorsque sa fille répondit, elle dit : « Chérie, excuse ma façon d'agir au dîner. J'étais pressée mais ce n'était pas une raison. Je suis désolée ».

Sa petite fille dit doucement : « Oh ! maman tu n'étais pas obligée d'appeler. Tu sais que je t'aime quand même. »

Cette mère avait fait son devoir et même si elle avait failli temporairement, les principes solides d'amour sans condition avaient été bien ancrés dans sa famille et tenaient le coup, même sous pression.

Encouragez

Un enfant développe le sentiment de sa propre valeur grâce, entre autres, au fait d'être embrassé, accepté, aimé et encouragé. Les compliments ont un effet tout spécial sur le développement des aptitudes toutes particulières d'un enfant. Des études ont démontré que les enfants qui reçoivent des compliments réussissent beaucoup mieux lors des tests d'habileté que les enfants élevés sans compliments.

Le psychologue Henry Brandt encourage les parents à développer une *confiance-espérance*. Si la mère croit en ce qu'elle fait pour ses enfants, elle s'attendra en toute confiance à recevoir la coopération de l'enfant. Ici encore, l'attitude est d'importance majeure. Si elle s'attend à ce qu'il y a de mieux, son enfant tentera de le lui donner. Non la perfection, mais le meilleur de lui-même. L'attente de la perfection prive un enfant de ses moyens, comme le savent bien des garçons qui essaient d'atteindre les normes établies par leurs pères.

J'ai entendu parler d'une famille où les trois fils sont des athlètes. Lorsqu'un garçon joue dans un match et que son équipe perd, il n'a pas le droit de manger à table avec les autres ce soir-là. Ses parents et ses frères lui disent : « On ne mange pas avec des vaincus ! »

Pouvez-vous imaginer l'effet de cette attitude sur son amour-propre ? D'autre part, la mère qui dit à son fils : « Tu peux réussir ! Je sais que tu le peux ! » laisse son enfant confiant pour affronter l'école ou le jeu. S'il essuie un échec en route, il sait qu'il conservera toujours son amour. Il a aussi la liberté d'échouer. Mais si sa mère croit en lui, il croit en lui-même et un petit garçon fait ainsi un pas de géant.

L'après-midi

Il y a deux ans, j'ai décidé d'abandonner les transports en commun et d'aller moi-même chercher mes enfants à l'école. Je réalise que toutes les mères n'ont pas la liberté de le faire, mais dans mon cas, j'ai planifié mes heures de bureau en fonction de l'horaire scolaire, et étant donné la proximité de l'école, tout s'est arrangé pour le mieux.

Ces moments avec mes filles sont précieux. La course folle du terrain de jeux à l'auto, la conversation *féminine* au restaurant, et le lèche-vitrine bras-dessus, bras-dessous, toutes ces choses deviennent des souvenirs extraordinaires. Dès que nous franchissons le seuil de la porte, mon programme d'entraînement entre en vigueur. Déjà à leur jeune âge, elles ont compris rapidement combien leurs activités extérieures leur apportent de plus en plus de responsabilités. Chaque année scolaire entraîne plus de devoirs. Les leçons de piano deviennent de plus en plus difficiles. Les sports para-scolaires et les pièces de théâtre prennent un temps fou. Cet horaire déjà surchargé laisse peu de temps pour les petites tâches domestiques et leurs loisirs personnels. Je dois donc les préparer maintenant pour la vie, afin qu'elles deviennent des adultes mûres et indépendantes.

Fixez des limites avec une certaine latitude. Lorsque les enfants commencent l'école, l'influence des parents et celle des amis entrent parfois en conflit. Quelle que soit la façon d'agir des autres enfants, nous connaissons nos valeurs et avons l'intention de vivre selon ces valeurs et nous attendons de nos enfants qu'ils vivent de même.

Une façon de barrer la route est de savoir dire *non.* J'ai bien aimé la bande dessinée qui montrait un petit garçon se présentant à la fillette voisine en disant : « Bonjour, je m'appelle non-non, ne touche pas - et toi ? »

Le mot non peut être frustrant pour bien des gens, surtout les enfants. Étant donné ses besoins fréquents, j'essaie de l'utiliser le moins possible. Je tente de ne pas dire non trop souvent. J'utilise des phrases apaisantes ou qui vont réorienter les actions des enfants comme : « Je préfèrerais que tu ne fasses pas cela ou faisons autre chose à la place ».

Le travail avant le jeu. La grand-mère de Charlie, Mimi, âgée de quatre-vingt-quatre ans est une de mes meilleures amies. Elle m'a appris bien des choses lorsque je suis devenue membre de la famille Morgan. Mimi remarqua rapidement mon manque de discipline pour terminer les tâches domestiques de tous les jours. Elle me répéta souvent d'une façon convaincante : « Si une tâche doit être faite, il vaut mieux la faire immédiatement et en finir ».

J'ai finalement compris, et maintenant je transmets l'idée, et mes filles l'apprennent elles aussi. Elles ont leurs tâches assignées tous les matins (la chose n'a pas été facile, si ça peut vous consoler) et maintenant ces petits travaux sont aussi naturels que le fait de se brosser les dents. Étant donné que chaque fille a plusieurs tâches ménagères, la règle est de terminer le travail avant de sortir jouer.

Nous leur donnons des responsabilités, autant et aussi rapidement qu'elles peuvent les accepter. Ceci inclut la cuisine, le ménage de leur chambre et le soin de leurs jouets et effets personnels. Lorsque le jouet favori de Michèle, un chien mécanique qui marchait et aboyait cessa complètement de fonctionner, elle trouva rapidement le problème. Elle dit au commis que son chien avait besoin de deux piles : « Une pour marcher et une pour parler ! »

Inventez le plaisir de tous les jours : Les enfants ont un don merveilleux pour voir des choses extraordinaires dans les endroits les plus ordinaires. Dans l'esprit d'un enfant, la réalité et la fiction se côtoient très bien. Le parent capable de s'intégrer dans la fiction redécouvre le miracle de l'enfance et gagne l'admiration et la confiance de ses enfants.

Lorsque Michèle avait trois ans, Charlie tenta de l'intéresser à rentrer le journal le matin, sans trop de succès. Il semble qu'elle ne trouvait pas plus amusant que lui de fouiller dans les arbustes ou de marcher dans l'herbe humide du matin.

Un matin, il ouvrit la porte d'entrée et s'écria avec étonnement : « Michèle, tu ne me croiras jamais. J'ai vu le lapin aux journaux s'en aller en sautillant ! Veux-tu sortir voir ce qu'il a laissé ? »

Michèle ouvrit de grands yeux étonnés. Elle ne semblait pas du tout sûre de toute cette histoire. Puis, soudain elle s'élança par la porte et revint triomphante avec son prix !

Elle se passionna pour le lapin aux journaux durant une semaine et même si l'intrigue disparut rapidement et que le journal du matin redevint très ordinaire trop rapidement, j'étais fière de l'inspiration de Charlie.

Edgar A. Guest disait : « Je préfère qu'une personne marche avec moi plutôt qu'elle me montre simplement le chemin à prendre ». En travaillant avec une autre personne et en utilisant son esprit créateur même la tâche la plus banale devient tolérable. Le miel adoucit les médicaments, et l'heureuse attitude d'une mère et *le lapin aux journaux* d'un père font de même.

Avec un petit effort, on peut rendre même une visite chez le médecin, ou une expérience traumatisante à l'hôpital, tolérable. Lorsque Michèle eut quatre ans, le médecin décida qu'il lui fallait subir une intervention chirurgical et demeurer une semaine à l'hôpital. Les mères avaient le droit de demeurer avec l'enfant. Je me suis donc armée de livres, de marionnettes, et de toutes sortes de divertissements agréables. Michèle et moi avons préparé nos bagages pour nos *vacances,* et rapidement nous nous sommes retrouvées dans une petite pièce stérile, froide et verte.

Durant ces longues journées, avant et après l'opération, j'ai lu, chanté et dansé et je crois que j'aurais pu me tenir sur la tête afin de détourner l'attention de Michèle de sa douleur. Finalement, tout fut fini. Le merveilleux jour de sortie arriva. En portant la patiente dans le corridor, je lui ai demandée : « Alors, chérie, comment as-tu aimé nos petites vacances ensemble ? »

Elle me regarda tendrement et dit : « Ce fut assez bien, maman ». Puis elle hésita, « Mais je préfère Disney World ».

Corrigez les écarts. La discipline comprend deux parties. La première comprend les limites permises aux enfants et la seconde, la correction lorsqu'ils dépassent ces bornes. La deuxième partie, celle de corriger les écarts n'est certainement pas agréable, mais nécessaire. Pour moi, la principale raison est l'exhortation des Saintes Écritures. En tant que parents nous devons les corriger, et nos enfants doivent nous obéir.

L'écrivain, Taylor Caldwell, croit que les garçons respectent une réprimande rapide et un châtiment. Ils peuvent crier et dire des choses dures, mais ils respecteront les leçons de *cette bonne main droite qui émet une justice immédiate tout comme des biscuits ou des caresses.* Il avertit que s'ils ne disciplinent pas les enfants en bas âge, les parents peuvent s'attendre à des problèmes sérieux plus tard. « Il criera à la *brutalité policière,* écrit Caldwell, lorsqu'il recevra les coups qu'il aurait dû recevoir dans le parc de bébé. »

L'auteur Betty Elliot raconte sa vie rigoureusement disciplinée pendant son enfance, où « l'on gardait un petit bâton toujours à portée de la main dans chaque pièce de la maison, sur le haut de la porte et souvent maman n'avait qu'à lever les yeux dans cette direction pour nous faire obéir instantanément. Mais chacun des six enfants pourrait vous raconter combien nous avons été heureux riant presque toujours. »

Parfois il est bon de laisser l'enfant choisir sa propre discipline. Après maints avertissements, Lisa brisa un dessus de table en verre. On interpella la gamine : « Tu étais prévenue ! Maintenant, veux-tu débourser vingt dollars pour remplacer le dessus de table ou veux-tu une fessée ? Va dans ta chambre, pense à tout cela et prends la décision toi-même. Tu m'en feras part. »

Lorsque les adolescents ont le choix, ils trouvent rarement les parents injustes (P.S. Elle choisit la fessée).

Désobéissant à son père, Carole conduisit l'auto familiale jusque chez son ami après la classe. En privé, ses parents discutèrent de sa punition, et furent d'accord pour la priver de l'automobile pendant une semaine.

Puis ils demandèrent à Carole ce qu'elle croyait qu'ils devraient faire. Elle admit son erreur et trouva qu'une punition de deux semaines serait juste. Étant donné qu'il s'agissait d'un premier délit, ses parents gardèrent les clés pour dix jours. Les jeunes gens semblent toujours suggérer une discipline plus sévère que celle de leurs parents, prouvant sans aucun doute leur besoin de limites.

En soirée

Le professeur Keith J. Edwards du *Rosemead Graduate School of Psychology* écrit : « Presque toutes les familles américaines subissent des pressions soit (1) d'une rupture familiale évidente (divorce ou séparation), (2) soit d'une mobilité excessive (une famille typique de la Californie du Sud déménage en moyenne tous les trois à cinq ans) (3) soit des activités récréationnelles égocentriques, (4) ou du syndrome de l'homme surmené ».

Vivre ensemble. Lorqu'une mère frustrée amena son fils de douze ans chez le médecin parce qu'il avait le caractère trop changeant, elle fut très surprise de sa prescription : « Cet enfant n'a pas besoin d'une injection mais d'un auditoire ».

Il n'est pas toujours facile d'écouter, mais c'est absolument nécessaire afin de bâtir la confiance, des souvenirs agréables et une unité familiale. Il faut prendre le temps et avoir beaucoup de patience pour bien écouter dans le genre de vie folle, précipitée et bousculée que vivent la plupart des Américains. Le psychologue James Dobson écrivit dans *Hide or Seek...* « Jadis un homme ne s'affolait pas s'il manquait la diligence. Maintenant si un homme manque une section de porte tournante, il ressent déjà du désespoir ! »

Il demande : « Mais qui est donc l'inévitable vaincu dans ce style de vie affolant ? C'est le petit bonhomme appuyé contre le mur avec les mains dans les poches de son blue jeans ». Le docteur Dobson indique que lorsque maman promet à son jeune fils de l'emmener au parc pour jouer, un meeting apporte toujours un changement de dernière minute. Il se tourne vers son père en disant : « Joue à la balle, papa ! » Mais comme toujours papa est trop fatigué, et de plùs il a apporté une serviette pleine de travail à la maison. Le message est transmis clair et net, poursuit Dobson, ses parents sont encore occupés. Il va donc dans la salle familiale et regarde des dessins animés ridicules pendant deux heures ou des anciennes émissions à la télévision.

Célébrer. Afin de rendre la vie plus passionnante, Charlie et moi préférons créer et fêter avec nos enfants. Une *femme totale* fête avec sa famille au moins une fois par semaine, pour tout et pour rien ; la chambre la plus propre - un anniversaire - la rentrée plus tôt de papa - la rentrée de papa !

Une de mes plus grandes joies est d'enseigner à mes filles à faire la cuisine. Sam Levenson fit une comparaison entre les aliments d'aujourd'hui et ceux d'autrefois : « Tout est préparé, tranché à l'avance, pré-chauffé, pré-fabriqué, pré-mélangé, pré-congelé, pré-fouetté, pré-pressé, pré-haché, pré-réduit, pré-étuvé, et pré-vérifié. La nourriture pour enfants est en purée, écrasée, bouillie, filtrée, homogénéisée, servie sur des plats en forme de moulins à vent, de tortues, d'ours, imprimées de personnages fictifs et de casse-têtes, et elle doit craquer, éclater, siffler, chanter, parler et être avalée à petites doses jusqu'à la fin de l'école secondaire.

Au lieu de tous ces aliments préparés à l'avance, j'aime enseigner aux filles à cuisiner à partir de rien. Tous les après-midi, nous préparons une collation. Laura et Michelle aiment parfois préparer des sucettes congelées avec du yaourt. Mon plat favori est une crème au yaourt avec confiture de fraises et morceaux de noix. Cette préparation me donne de l'énergie et un sentiment de bien-être, de plus elle me permet d'attendre jusqu'au dîner. Entre parenthèses, j'ai reçu tellement de recettes que j'ai l'intention d'écrire le livre de recettes de la *Femme Totale,* bientôt.

Les soirées sont partagées entre le dîner, la vaisselle et les divertissements. Les heures du dîner peuvent être le clou d'une journée. Les enfants aiment l'excitation d'un pique-nique, la surprise d'une chandelle dans les pommes de terre, ou de paillettes dans le melon d'eau. Le colorant alimentaire (non-toxique) dans le lait et les biscuits attirent aussi leur attention.

Lorsque nous mangeons du spaghetti ou du *chow mein* ou des *tacos,* j'annonce *soirée en Italie* ou autres pays. Je suis toujours surprise de leurs costumes improvisés, et la famille apprend quelque chose au sujet du pays en même temps.

Une mère a surpris son enfant de quatre ans en plaçant Bo-Bo, le singe en peluche favori dans la chaise haute au dîner, avec son couvert sur un plateau. Son enfant était en extase.

Une autre famille arrangea une soirée de gala dans leur propre maison, transformant la salle à manger en *Restaurant Davidson.* Maman Davidson était la serveuse, et papa le chef. Les enfants donnèrent leur commande d'après un menu préparé à l'avance, incluant la *spécialité maison* à un prix spécial. Maintenant les deux enfants d'âge pré-scolaire demandent souvent à manger *dehors.*

Les Reynolds, voisins des Davidson, doutaient pouvoir *manger en dehors* avec leurs petites étoiles de baseball âgées de neuf et douze ans. Ces derniers répondirent : « Maman, c'est formidable, faisons cela une fois par semaine ! » Leur mère a failli perdre connaissance !

Après le dîner, en faisant la vaisselle, nous nous amusons beaucoup en famille. Charlie et moi faisons un effort constant pour vivre avec nos enfants. A leur jeune âge, ils semblent indifférents au choix d'activités, du moment qu'elles sont accomplies en famille, même si ce n'est que le marché !

Créer

Dans un éditorial du *Newsweek,* Robert Mayer suggéra avec humour un autre moyen de gagner une heure pour les réunions familiales : « ... je suggère que durant 60 à 90 minutes tous les soirs, juste après les nouvelles du début de soirée, toutes émissions de télévision soient défendues par la loi, partout aux États-Unis ».

La télévision est devenue une intoxication et un envoûtement pour des millions d'enfants de tous les âges. Les effets secondaires sont de deux catégories : « Premièrement, la créativité est étouffée. Je ne connais pas de grande oeuvre d'art ou musicale ou littéraire qui fut créée au cours d'un télé-roman. » Selon Mayer, il y a plus d'agrément et de nourriture intellectuelle dans un bon livre qu'il n'y en a dans un mois de programmation typique de télévision. Dans le but de satisfaire au niveau de comédie, drame ou amusement, en même temps Suzanne, Jean, grand-père et grand-mère, le plus petit dénominateur est choisi, c'est-à-dire la mentalité d'un jeune de douze ans.

Deuxièmement, l'information est souvent négative : *un mélange de tuerie, de confusion et de meurtre.* Mayer note de plus que des études psychologiques indiquent que les enfants exposés à ce régime, soir après soir, ont tendance à être perturbés et plus enclins à la violence eux-mêmes.

Il y a bien d'autres possibilités d'aider les enfants à développer leur esprit créateur. Les bons livres peuvent devenir les amis de vos enfants. Mais il faut les présenter l'un à l'autre. Si vous aimez lire, vous avez déjà découvert l'un des plus grands plaisirs de la vie. Chaque citoyen a à sa portée une bibliothèque bien garnie. Les livres de poche rendent disponibles les grands classiques et les livres jadis dispendieux, à une fraction du coût original. Tout parent ou enfant a, à portée de la main, une mine d'information.

Les bons livres stimulent la créativité. Nos filles ont leur carte de bibliothèque et chacune d'elles prend environ huit livres à la fois. Plus elles lisent, plus elles écrivent. Les deux choses semblent en relation directe. Elles ont toutes les deux maintenant commencé à écrire des livres, avec des chapitres différents pour : *Mes amis, Ma famille et Mon école.* Les pages sont placées dans une chemise que nous conservons pour elles ; elles en sont très fières.

Les jeux de lexique et de mots croisés aident à améliorer leur vocabulaire. Les jeux de logique et de chiffres stimulent le processus d'analyse. Les arts plastiques aident à développer la coordination de leurs mains. Nos filles préparent elles-mêmes leurs cartes d'anniversaire, leurs jeux, leur théâtre de marionnettes et leurs cahiers de souvenirs. Elles ont toujours en réserve du papier de couleur, du ruban gommé, de la ficelle, des stylos feutrés etc., et je suis constamment surprise de leur imagination.

Nous prenons toujours le temps de rire et de jouer pour qu'elles soient prêtes à écouter notre point de vue sur la vie, l'amour et le bonheur lors des moments tranquilles.

Non seulement les enfants aiment-ils jouer, mais ils aiment *jouer la comédie.* Nos filles sont vraiment entichées du théâtre, et inventent des scènettes lorsqu'elles sont encouragées et aidées.

Les soirées d'amateurs sont le clou de bien des veillées familiales. Les capacités vont de la gymnastique aux concerts de piano. Lorsqu'on annonce *soirée d'amateurs,* elles passent des heures entières aux préparatifs, habituellement pour un projet en commun. Parfois, nous préparons une soirée de *Télévision-maison* et Michèle fait les commentaires sur la température. Laura imite Barbara Walters et cloue Michèle au pilori.

Le plus drôle, ce sont les tours de magie. Il y a plusieurs années Laura et Charlie ont fait un tour ensemble, avec une corde et je leur ai demandé comment ils avaient réussi. Charlie dit à Laura qu'un bon magicien ne divulgue jamais son savoir et Laura lui répondit : « Oh, vraiment papa ! après tout elle est notre mère. »

La musique tient une part importante dans la vie de nos filles. Elles jouent toutes les deux du piano et ont même composé des chansons. Elles exécutent leurs morceaux lorsque nous avons de la visite et acquièrent ainsi tranquillement de la confiance et de l'assurance devant un auditoire.

Au coucher

Juste avant le coucher des enfants, nous prenons le temps de nous nourrir spirituellement. Lorsque nous devons sortir, il n'est pas toujours possible de le faire ensemble, mais nous essayons de prendre ce temps ensemble aussi souvent que possible. Charlie et moi croyons que des fondations spirituelles donneront à nos filles la confiance que rien d'autre sur la terre ne peut leur donner. Elles développent une certaine stabilité face à la tentation en sachant que Dieu les aime et qu'Il a des projets merveilleux pour elles.

Nous jouons, lisons la Bible puis prions. Les jeux se rapportent habituellement à la Bible, comme dans *Vingt questions,* lorsque nous essayons tous de découvrir des objets ou des personnages de la Bible dans un temps alloué ; Michèle nous eut tous lorsqu'elle demanda la plus petite chose dans la Bible - un germe. J'ai dû me disqualifier lorsqu'elle me demanda : « Maman, les germes vont-ils aux toilettes ? »

La semaine dernière Charlie demanda aux filles de lui donner un nom de la Bible pour chaque lettre de l'alphabet. Michèle eut de la difficulté avec certaines lettres puis nous donna *Ahab, Ohab, Zohab et Cathlick.*

La Bible, mon amie. Le temps pris pour lire la Bible tous les soirs est une priorité majeure car nous réalisons l'importance d'implanter la Parole Divine tôt. Nous lisons la Bible Moderne - un chapitre de l'Ancien Testament par soir, et un chapitre du Nouveau Testament au petit déjeuner. Nous lisons en suivant pour voir le récit se dérouler.

Il peut sembler mortel de lire la Bible tous les jours, mais notre but est de rendre la chose pratique et non d'en faire un rite. Nous changeons de place pour la lecture, parfois étendus sur le lit, ou dans le salon, ou parfois sous les étoiles, avec une lampe de poche.

Avant la lecture, Charlie revoit les parties déjà lues en posant des questions sur la section de la soirée précédente. Michèle énonce parfois sa propre interprétation - comme le fait que David a tué Goliath avec sa fronde.

Michèle et Laura interrompent constamment pour poser des questions comme : « Pourquoi Dieu a-t-il fait cela ? » Si elles ne posent pas de question, Charlie en pose. Nous ne sommes pas tellement intéressés par la distance entre la Mer Morte et le Mont Sinaï mais plutôt par les leçons enseignées, et leur mise en application à l'école, dans la cuisine et au bureau aujourd'hui. En lisant les passages de l'exode des enfants d'Israël à travers le désert et jusqu'à la Terre Promise, nous pouvons mettre en application ces leçons dans notre vie.

Parler à Dieu. La lecture terminée, nous prions pour tous nos problèmes et nos amis, et pour de *beaux rêves.* Rien ne rend la prière plus excitante que de la voir exaucée.

La première fois qu'une prière de Michèle fut exaucée fut un moment merveilleux pour nous tous. Elle était encore toute petite quand elle passa un après-midi avec moi, étendue sur le hamac à regarder les doux nuages blancs glisser dans le ciel. Elle dit soudain : « J'aimerais tant voir le ciel devenir rose ».

Je lui ai dit : « Le Bon Dieu te préparera peut-être un coucher de soleil tout rose, ce soir. Veux-tu le lui demander ? »

Fascinée par l'idée de demander et de recevoir, elle pria avec ferveur : « Cher Jésus, veux-tu me faire un coucher de soleil tout rose ce soir ? » Je priai aussi avec ferveur. « Dieu, ce n'est qu'une petite fille et elle pourrait être si favorablement impressionnée par une telle chose. Faites-le, s'il Vous plaît. »

Tout l'après-midi, elle fut très excité et moi aussi. Je ne conseille pas aux gens de demander des choses si superficielles à Dieu, mais pour nous, ce jour-là, il s'agissait déjà de *la chose* à demander.

Le dîner prêt, Michèle et moi nous nous sommes assises à table, oubliant complètement sa prière. Vers la fin du repas, Laura jeta un coup d'oeil dehors et dit : « Formidable ! Regardez-moi ce coucher de soleil ! » Nous avons tous regardé dehors pour y découvrir le coucher de soleil le plus rose et le plus brillant que j'ai jamais vu - divers tons de rose, colorant gaiement le ciel.

Michèle fut complètement foudroyée. Excitée, elle parla de sa prière de l'après-midi et nous avons tous été réjouis que Dieu ait exaucé une petite fille. Je savais que Michèle n'oublierait jamais ce coucher de soleil - sa première prière exaucée - et le fait qu'elle savait maintenant l'amour que Dieu gardait pour elle personnellement.

Le soir, nous alternons pour dire la prière. Parfois nous la faisons tous ensemble, parfois seul ou à deux. Nos prières n'ont rien d'officiel, nous parlons tout simplement à Dieu. Puis nous nous embrassons et nous nous cajolons, et les enfants se couchent le sourire aux lèvres.

11 *La Joie Éternelle*

Sir William Gladstone demanda un jour à son jeune neveu :

« Que veux-tu faire de ta vie, John ? »

« Je désire étudier le droit, Oncle William ».

« Puis après ? » demanda Sir William.

« Je désire alors devenir apprenti et surveiller mes collègues attentivement, afin de devenir plus tard un bon avocat. »

« Puis après ? ».

« Eh bien, je présume que je chercherai une épouse et que j'élèverai une famille ».

« Et alors ? », insista Sir William.

Quelque peu exaspéré, le jeune John bégaya un peu et dit :

« Eh bien, j'accumulerai une fortune, mènerai une bonne vie, et... »

« Et quoi ? »

Complètement désarçonné, il rétorqua : « Et bien ! je suppose que je mourrai ! »

Sir William Gladstone demanda doucement : « Et alors ? »

Pendant plusieurs années je me suis posée la même question : « Et alors, quoi ? » J'étais inquiète au sujet de l'éternité, et troublée par la brièveté de cette vie. Je serai peut-être ici pour vingt ans encore ? Ou quarante, ou soixante, et puis quoi ? Parfois j'avais mal à la tête et au coeur. Je me sentais vide en dedans. La Bible exprimait succinctement mes sentiments. « Même si un homme vit deux fois mille ans, s'il ne trouve pas le bonheur, à quoi ça sert ? »[21]

Je ne connais pas ma raison d'être, ou le but de ma vie, ou de la vie après. J'ai pourtant essayé de mener une bonne vie. J'y ai trouvé l'amour, les honneurs et les plaisirs ; ils ne m'ont jamais satisfaite entièrement.

La quête éternelle

Une quête signifie que vous n'avez pas encore découvert ce que vous cherchez. Pour moi, il s'agissait de la raison, de l'amour et de la joie. D'autres femmes m'ont avoué rechercher ces mêmes choses intangibles ; je les comprends. Je me souviens de mes jours d'obscurité.

« Je note des changements dans mes relations avec mon époux. Physiquement et émotivement, je me sens à bout. Mes adolescents m'épuisent et le plus jeune m'impatiente. J'essaie d'accepter gentiment cette étape de ma vie. Je crois en Dieu, mais je ne comprends pas à quoi rime la vie. Le plus pénible est que je ne comprends même pas pourquoi je suis sur terre ».

Pour Marthe, la quête est primordiale : « Vous avez fait naître en moi le désir brûlant de comprendre pourquoi je suis sur terre. Je vais à l'église non par dévotion, mais par recherche. Une voix crie constamment dans ma tête. Il y a une raison à ma vie mais je ne l'ai pas encore découverte ».

Pour Linda la quête est solitaire. Elle m'écrivait : « Je suis très embrouillée. J'ai perdu mon chemin et je vous tends la main. Ma famille et tous mes amis m'ont abandonné à moi-même. C'est pourquoi j'ai pris une dose trop forte de médicaments ».

Pour Beverly, la quête est douloureuse. Elle a une merveilleuse maison en Oklahoma et un chalet de ski au Colorado. Elle est membre de la *Ligue Junior,* de la *Kappa Alpha Theta* et de toutes sortes d'organismes sociaux possibles. « Mais j'ai un grand creux en dedans de moi qui doit être comblé. Je cherche désespérément la Source du Tout Puissant. »

Pour Gail, la guête est interne. « Je sais que vos idées donnent des résultats positifs, mais je me connais aussi. Je parle avant de penser. Je me fâche facilement. En fait, je n'ai pas la paix intérieure dont vous parlez. Je savais avant même de lire votre livre que le problème était au fond de moi-même. »

Pour Bonnie, la quête semble inutile. « J'étais et je demeure une personne perdue. Je ne serai jamais heureuse. J'ai l'impression que je suis condamnée à vivre mon enfer sur la terre, et la seule chose à envisager après la mort est aussi l'enfer ».

Et la quête se poursuit, hantant la femme du monde, la femme moyenne et la femme tranquille, partout en Amérique.

Une longue route

Kay et moi étions allées à la plage ensemble. En retournant vers l'auto nous nous sommes arrêtées à un kiosque pour boire. Le propriétaire semblait heureux d'avoir deux clientes, non pour notre argent mais pour que nous l'écoutions. Il semblait si triste. Alors que nous parlions de la vie, il résuma sa philosophie de la vie en une ligne : « Je travaille et gagne assez d'argent pour acheter le pain qui me donnera la force de travailler de nouveau ».

Il arriva d'autres clients, et nous sommes parties alors que notre nouvel ami pressait des oranges. En rentrant à la maison, Kay regardait droit devant elle, sans parler. Finalement, je lui demandai : « Qu'as-tu ? »

« Je ne sais pas, répondit-elle, je pensais à cet homme et ses paroles. C'est ma vie aussi. Exactement. Il y a quelque chose qui ne va pas en moi. J'ai toutes ces choses mais je ne vis pas vraiment. Je cherche l'absolu. »

Je ne connaissais pas très bien Kay car nous venions de nous rencontrer lors d'un cours, mais son commentaire me surprit. Elle était très belle et de toute évidence très riche. J'avais entendu parler de ses retraites d'une semaine dans des salles de conditionnement physique, pour conserver sa taille magnifique.

Je lui demandai : « Kay, comment peux-tu t'identifier à ce vendeur de jus d'orange, avec tout ce que tu as ? Tu n'as probablement jamais travaillé de ta vie. »

Elle songea un moment et dit : « Oh, je ne parle pas de son travail, c'est le cercle vicieux dans lequel il est pris. » Sa vie était pleine et fantastique - tout ce que l'argent pouvait lui procurer - mais ça ne suffisait pas. Son corps était satisfait mais son esprit mourrait de faim, et elle le ressentait. Elle en ressentait une douleur précise. Elle savait que la vie devait lui offrir quelque chose de plus.

Je lui dit : « Kay, la seule personne qui peut vraiment donner un sens à ta vie est Dieu. Et toute personne qui recherche Dieu de tout son coeur est sûre de Le trouver. »[8] Elle me coupa : « Je crois en Dieu. Je vis selon les Dix Commandements de Dieu, je suis religieuse. »

« Je ne parle pas de religion. Il s'agit là des choses que l'homme fait pour plaire à Dieu. Dieu ne s'intéresse pas à la religion - Il est intéressé à nos rapports avec Lui. Il nous connaît et veut que nous Le connaissions. Dieu t'aime Kay, et Il a un plan superbe pour ta vie. »

« Mais Il semble si nébuleux, répondit-elle, si distant. Parfois je me sens terriblement seule, même au milieu d'un groupe de gens. »

« Je comprends ta solitude, lui dis-je, Lui aussi. Tu es seule parce que tu vis à l'écart de Lui - séparée par le péché. »

Elle admit se sentir séparée mais n'avait pas pensé avoir péché. « Je n'aime pas y penser moi non plus Kay, mais nous sommes tous loin d'atteindre la perfection de Dieu. Tu peux mener la meilleure vie au monde mais ça ne suffit pas. »

Kay encaissa, et je marquais un point. Je n'avais jamais réalisé moi non plus que j'avais besoin du Sauveur jusqu'à ce que je réalise combien j'étais perdue. A ce point que je n'avais aucun espoir. La vie semblait être une grande route entre deux hôpitaux.

« Ma quête prit fin avec le Sauveur, dis-je. Le vrai agneau de Dieu. Son nom est Jésus. Il a payé pour nos péchés. Il a payé de Son sang. Le cadeau de Dieu, la vie éternelle, n'a pas été emballé avec un ruban jaune mais marqué de clous sur une croix de bois. Tu peux connaître l'histoire sans le connaître Lui. Il est Le seul à pouvoir mettre de la joie dans ton coeur. »

Nous sommes arrivées à la maison de Kay et elle sortit de l'auto, m'enlaça et me regarda avec les larmes aux yeux.

Il était temps de partir. « Kay, ma chérie, si tu crois en Sa parole, Il te donnera ce qu'Il t'a promis. Ton Créateur deviendra ton Sauveur. »

J'avais le coeur brisé de partir. Je savais que le travail était commencé - le travail spirituel - et elle souffrait. J'ai pensé à elle jusqu'à ce que le téléphone sonne le lendemain matin.

C'était Kay et elle était heureuse. « Je l'ai fait, Marabel ! J'ai parlé à Dieu ce matin et j'ai dit : « Monsieur je ne suis pas certaine de ce que j'apprends. Je ne suis même pas certaine de Votre nom. Marabel dit que vous êtes Jésus et si c'est exact, je Vous appellerai ainsi, mais montrez-moi la vérité. » Puis, j'ai demandé à Jésus de devenir le Messie de ma vie, mon Sauveur. Je me sens en paix avec moi-même. Merci, merci de m'avoir montré le chemin. »

C'était il y a cinq ans. J'aimerais bien voir Kay aujourd'hui. Depuis ce temps, elle a connu d'incroyables chagrins, dont un divorce. Lorsque son mari a épousé sa meilleure amie, Kay est demeurée stable et sereine. Ses amies la montrent du doigt et disent : « que t'est-il arrivé ? Toute autre personne serait devenue à moitié folle après avoir subi ce que tu viens de vivre et pourtant tu es radieuse. Comment fais-tu ? »

Elle leur répondit qu'elle ne savait pas ce que demain apporterait mais qu'elle savait Qui décidait.

Le lien manquant

Il y a quelques semaines, une épouse de militaire, très troublée, m'écrivait pour me parler de son désordre interne. « Tout est mêlé en moi. Je veux donner librement mon amour à mon mari et à mes enfants. Je suis désespérée. Il me semble qu'il y a quelque chose qui manque, quoi que je fasse. »

La douleur dans le coeur de cette femme est universelle. La douleur vient du fait qu'on est à l'extérieur et qu'on regarde au dedans - tout comme un enfant qui regarde par la vitrine d'un magasin de bonbons. Il manque quelque chose, mais quoi ?

Le mariage et les enfants ne satisfont pas pleinement la femme. Une carrière n'apporte pas la paix. Et le prestige et le pouvoir n'apportent pas de but à la vie. L'argent ne peut rendre l'atmosphère heureuse au petit déjeuner. L'instruction ne peut enlever cette tristesse au coeur ou cette boule dans la gorge. L'homme ne peut rien contre la maladie, les désappointements ou la mort.

Alors quel est le but de tout cela ? Je crois qu'une femme perd son temps tant qu'elle n'a pas été comblée par l'Absolu, par Dieu en personne. Il est le seul à pouvoir joindre le tout. Il est Le seul à pouvoir le conserver ainsi. Il est le seul à pouvoir vous rendre complet - total. Il est le seul à pouvoir vous donner une bonne attitude en tout temps. Et mieux encore, Il vous offre une vie sans regret.

Son nom : Jésus de Nazareth, l'homme-Dieu.

Selon Frank William Boreham, dans *Drums of Dawn,* « Sir Christopher Wren exprimait ses sentiments sur le granit; Joseph Turner s'exprimait en peinture ; Michel-Ange avec le marbre ; Shakespeare dans l'écriture. Mais Dieu a choisi le corps comme véhicule d'expression de Lui-même. Et il n'y a rien de plus éloquent. » Et le Verbe devint chair. Dieu devint Homme.

Jésus est la seule personne qui ne trahira jamais votre confiance. Il comprend très bien votre situation. Il mérite votre confiance, a suffisamment de pouvoir et est à l'épreuve des chocs. Et de plus, Il vous connaît.

Il se produit un merveilleux échange spirituel lorsqu'une femme dit au Sauveur Immortel ce qui la trouble. Le poids passe de ses épaules aux épaules du Sauveur. Il murmure dans son esprit ! « Ose me faire confiance ! ». Et timidement, elle dit oui et la paix vient. Les circonstances de sa vie peuvent ne pas changer mais elle a changé. Il ne promet pas une guérison ; Il promet une nouvelle perspective.

Les gens qui adoptent la pensée positive, l'autohypnose, peuvent croire trouver la paix mais il y a une différence. Une paix venue de soi est limitée ; celle qui vient de Dieu est éternelle.

Pourquoi les gens pensent-ils que la vie continuera toujours sur la terre ? Il y a un fait devant nous, la mort, mais comment l'affronter ? Ironiquement, une femme ne peut vivre avant d'avoir accepté sa mort. Seul Jésus de Nazareth peut s'occuper de votre peur de la mort et de votre peur de vivre. Il est Le seul à avoir vaincu les deux. Il est passé par là.

Tout comme l'écrivait l'auteur-compositeur Tedd Smith dans la revue *Décision* : « Je peux vivre parce qu'Il est mort. Bien sûr je vais rencontrer tous ceux qui ne pensent qu'à critiquer et à dénigrer. Mais ça ne m'intéresse pas. Je sais comment c'est, lorsqu'on découvre une nouvelle vie, un espoir nouveau, un but nouveau - et qu'on peut arrêter de courir. »

Le glaçage sur le gâteau

Catherine visita son médecin deux semaines avant Noël parce qu'elle souffrait de dépression et d'évanouissements. Le médecin lui dit : « Vous n'avez rien mais vous êtes trop fatiguée ». Il la renvoya à la maison pour un repos total jusqu'à Noël. Alors qu'elle avait pleuré toute la semaine, le médecin lui annonça : « Vous êtes simplement déprimée, Catherine ».

« J'ai un bon mari, une adorable fillette de trois ans et aucune dette, se dit-elle, pourquoi suis-je déprimée ? »

Elle alla voir son psychologue. Il lui suggéra « Qu'elle se fixait peut-être des buts trop élevés et attendait trop des autres personnes ».

Elle retourna chez le médecin pour obtenir un remontant. « Ils ne changèrent pas grand chose sauf qu'ils me permirent d'emballer tous mes problèmes en petits paquets devant être ouverts plus tard, jusqu'à ce qu'ils soient tous réglés ».

Puis elle décrivit son changement : « Vos références aux Saintes Écritures m'ont fait réaliser combien j'avais besoin de l'aide de Dieu, même lorsque je ressens de la haine. Lorsque j'ai pris la main de Dieu, j'ai lâché les pilules et je me sens très bien ! Mon mariage est rajeuni. Mon mari m'a dit qu'il avait l'impression d'être marié de nouveau. Ma vie a changé tellement - depuis que je me suis confiée au Tout Puissant. »

J'ai reçu tellement de lettres de ce genre. Lani fut sauvée des profondeurs. « MERCI, comme je ne l'ai jamais dit avant. J'ai lu votre livre juste comme ma vie était pleine de désespoir. La seule chose qui me liait à mon mari et à mes quatre enfants était la vengeance. C'était un combat pour savoir qui pourrait blesser l'autre. Nous étions tous malheureux ! »

« Finalement, j'ai touché le fond. J'ai crié vers Dieu et Il m'a aidé. J'ai ouvert la porte ! J'ai remis mon être entier à Dieu et ma vie entière a changé ! J'ai une raison de poursuivre. Maintenant la lampe brûle vive et chaude dans mon coeur. Jésus est le *glaçage sur le gâteau* de ma vie ».

Le Fils entre et disperse la nuit. Barbara écrivait : « J'ai finalement découvert ce bonheur et cette paix intérieure. Je ne sais pourquoi je pense à la chanson de Roger Miller qui dit :

> « Regarde, regarde, je vois un rayon de soleil qui brille
> Je sens un arc-en-ciel qui pénètre profondément dans mon cerveau
> Je sens mes ennuis et mes soucis se répandre autour de moi
> Je suis heureux que le soleil m'ait trouvé. Je sais avoir été difficile à trouver. »

Lynne m'écrivait que pendant bien des années, elle avait appelé Dieu, L'avait supplié et parfois ignoré. « Je ne savais pas qu'en lisant le récit de votre propre quête, j'ouvrirais enfin la porte de mon coeur et accepterais mon Sauveur !

Juste avant ceci, j'ai lu quelque chose qui a fait vibrer mon coeur. J'ai levé les yeux et j'ai dit : « Je m'approche » puis j'ai poursuivi ma lecture et avant même de réaliser ce que je faisais, je me levai brusquement de ma chaise !

Mon coeur débordait d'amour et de joie, je croyais même qu'il allait éclater.

Je VIS

Marabel Morgan.

J'ai tellement de choses à vous dire que je pourrais continuer à écrire sans arrêter. Et je le ferai ! »

Une vie inutile

Maria, secrétaire au Nouveau-Mexique, sortait avec José depuis sept mois. « C'est comme si tout venait de finir, m'écrivait-elle, mais il vient encore me voir et fait encore l'amour avec moi. Je suis très pauvre, je ne suis pas très jolie et je sais qu'il ne me trouve pas attrayante ».

Affolée à l'idée de perdre José, Maria m'écrivait pour demander mon aide. « Je serai malheureuse pour le restant de ma vie et je crois que je me suiciderai, parce qu'en fait pourquoi voudrais-je vivre ? Je perdrai ma vie parce qu'il est ma vie. S'il vous plaît, aidez-moi avant qu'il ne soit trop tard. Il est la seule clé de mon bonheur. »

Lorsqu'un ami ou un mari est la *seule clé du bonheur,* il est dangereux de sortir du lit le matin. Un recherchiste du *Ohio State University* estime que 85% des mariages prennent fin, soit dans les cours de justice, soit dans les coeurs. Tôt ou tard, un mari ou un ami, apporte une certaine désillusion. Et alors, quoi ?

La vie aussi est éphémère. Les émotions sont fragiles, elles changent d'un appel à l'autre. Un coeur peut être brisé à chaque virage de la route.

Nancy, mère de trois garçons et femme de carrière, peut en témoigner. Il y a trois ans, sa mère mourut du cancer. Il y a deux ans, son mari mourut de la même maladie. Encore mal remise de toutes ces émotions, Nancy s'est remariée l'an dernier pour découvrir récemment que son nouveau mari est atteint de la paralysie de Bell. Et comme si cela ne suffisait pas, son père est maintenant hospitalisé atteint d'un cancer. Elle est au désespoir. Nancy m'écrivait : « Je ne sais pas si je pourrai en supporter plus. Je rentre tout juste du cabinet de médecin, il vient de découvrir que je suis atteinte d'un cancer du col et que je dois subir une intervention chirurgicale la semaine prochaine. Je sais que mon mariage doit être un succès. Aidez-moi. J'ai besoin d'encouragement et d'aide de l'extérieur. »

Tout comme Nancy, j'ai aussi besoin d'encouragement et d'aide de l'extérieur. Lorsque les problèmes m'assaillent je sais que je ne peux les résoudre seule. J'essaie parfois, mais je suis faible et sans puissance.

La clé pour résoudre mes problèmes est de reconnaître la différence entre la joie et le bonheur. Je travaille continuellement à reconnaître la différence entre ces deux mots - qui sont si souvent pris l'un pour l'autre - mais dont le sens est totalement différent.

Le bonheur c'est... un feu de cheminée, un chiot enjoué, un doux baiser d'adolescent. Le bonheur, c'est le rire d'un enfant le matin de Noël. Le Bonheur, c'est de bonnes nouvelles de la maison, des roses rouges, les caresses d'un amant. Le bonheur, c'est l'annulation de la visite de deux semaines de Tante Bertha.

Le bonheur est éphémère. Le bonheur (ou son absence) est dépendant du moment, de l'ami, du mari, du rapport du médecin. Le bonheur est imprévisible. Le bonheur est difficile. « Si seulement je pouvais me marier... Si seulement je pouvais être célibataire... Si seulement... » Le bonheur dépend des gens et des circonstances, mais les gens et les circonstances changent souvent sans préavis. Pouf. Et les plus beaux projets s'évaporent.

La plénitude de la Joie

La joie. Et voilà où entre Jésus. La Joie, contrairement au bonheur, ne dépend pas des maris, ou de la santé ou des circonstances, mais plutôt de nos rapports avec Dieu. Ma joie dépend seulement de Celui qui a dit : « Je vous ai dit ces choses, Ma joie demeurera en vous et votre joie sera complète ».[23] La joie de Dieu tout Puissant, constante, fiable et supérieure à tout, devient ma propre joie. Non pas des petits bouts ici et là, mais complète. Pleine. Totale.

Il promet de voir à tous mes besoins. Lorsque je vais à Lui, repentante, Il me renouvelle. Il est le seul à pouvoir renouveler mon âme. Sûre de Son amour, je sais qui je suis vraiment, une enfant du Roi. Libre, enfin. Vraiment libérée. Tout comme le disait Jésus : « Si le Fils de Dieu vous libère, vous serez vraiment libre. »[24]

Lorsque j'ai invité Jésus de Nazareth à entrer dans ma vie, je suis devenue une enfant de sa Famille Éternelle, pardonnée et assurée de la vie éternelle.

Et ce n'est pas tout. Dieu avait aussi un plan pour ma vie, et tout un plan ! J'ai pris la route de la grande aventure, qu'Il appelle la *Vie d'abondance.*[25] Jésus lui-même disait : « Si vous demeurez en moi et moi en vous, vous demanderez tout ce que vous voudrez et vous le recevrez... »[26]

J'ai appris comment être toujours remplie de joie. La condition est de laisser Jésus contrôler votre vie. Afin de lui remettre ce contrôle, je dis : « Jésus, mon Seigneur, guide-moi au sein de ton plan parfait aujourd'hui ».

En prenant la Bible tous les matins, je Lui demande de m'enseigner à la lire. Je ne veux pas dépendre de mes sentiments, ou d'une bonne nuit de sommeil, ou d'une demi-nuit de sommeil à cause d'un bébé en larmes. Si je dépends de Sa Parole de Vérité, je sais que je suivrai son Plan, quoi qu'il advienne. Dieu ne me demande pas la perfection - juste un effort. Cette connaissance me libère de toute pression.

Parfois, je reprends le contrôle, mais je le regrette toujours. J'ai goûté à la vie d'abondance - la vie de Joie que Jésus vit au travers de moi - et c'est la vie que je désire. Tout comme le disait le Roi David : « Montre-moi le chemin de la Vie, en Ta présence est l'amplitude de la Joie. »[27]

La vallée de la pénombre

Après quelques années de mariage, je suis devenue enceinte pour la seconde fois. J'étais ravie et commençais à rêver à des jours merveilleux lorsque nous serions *quatre.*

Mon rêve s'écroula soudain lorsque le bébé arriva un mois à l'avance. « Elle est une combattante, luttant pour la vie, me dit le médecin, mais ses chances sont minces. » Surprise, je ne pouvais vraiment comprendre ce qu'il me disait. Mon bébé allait certainement survivre - il ne pouvait pas mourir. De plus, je croyais en Dieu et l'aimais de tout mon cocur. Il ne laisserait jamais une chose pareille arriver.

J'ai prié pour mon bébé de tout mon coeur mais je n'ai jamais eu vraiment peur. Je sentais que Dieu et moi étions en si bons termes que je n'avais pas de raison de craindre. Tout le monde était inquiet, mais je les assurais que tout irait bien.

Finalement ma fillette, épuisée, abandonna le combat. Mon mari apprit la nouvelle le premier. Blanc comme un drap et tremblant, il vint m'annoncer sa mort. Lorsqu'il tenta de me réconforter je me tournai loin de lui pour pleurer sur ma peine, seule. Je ne pouvais accepter une telle chose.

Mon bébé était mort. Comment une telle chose pouvait-elle m'arriver ? Pourquoi ? Pourquoi ? Je me sentis aigrie contre Dieu. J'avais l'impression qu'Il m'avait giflée fortement au visage. Mais immédiatement j'ai *entendu* une douce voix connue au fond de mon âme : « Marabel, ne sais-tu pas que Je t'aime toujours ? » Et mon âme répondit : « Oui, Seigneur » et je le savais vraiment.

Même si mes projets étaient détruits et que mon monde s'écroulait, Dieu était toujours là et encore au contrôle, et je murmurais au travers de mes larmes : « Jésus, je sais que Tu m'aimes, je Te ferai confiance ». Je sentais la perte tout aussi fortement qu'avant, mais je savais que Dieu prenait le contrôle de la situation. Malgré mes larmes, je me sentais en paix.

Puis il se produisit une chose étrange. J'avais l'impression que tout au fond de moi, la Joie cherchait déjà à sortir. Le seul moyen de décrire cette émotion, est de la comparer à une bulle de Joie. J'étais très surprise. Comment pouvais-je ressentir de la joie juste après la mort de mon bébé ! C'était barbare, et pourtant la joie montait toujours au point que je croyais éclater de rire - de joie !

Soudain, j'ai réalisé. Jésus me montrait à nouveau qu'Il était ma seule source de Joie. Il peut prendre une situation tragique, une situation désespérée comme un décès, et nous apporter la Joie malgré tout.

Dieu seul pouvait changer la peine en joie. Le ciel devint beaucoup plus réel, parce qu'une personne m'y attendait. L'assurance de cette réunion de famille après la mort rend ce grand pas dans l'éternité moins difficile. Lorsque je quitterai la terre, la vie commencera.

Toute femme le peut

L'an dernier, rentrant en automobile de nos vacances dans les montagnes, nous avons traversé quatre États. Le soir en couchant nos petits voyageurs fatigués, Charlie dit : « Michèle, aujourd'hui nous avons pris le petit déjeuner en Caroline du Nord, le lunch en Caroline du Sud, le dîner en Georgie et nous couchons ce soir en Floride. Quel État as-tu préféré ? »

Michèle s'étira vers son père pour l'embrasser. Elle sourit de bonheur, jouissant du moment, puis dit : « Papa, j'aime l'état dans lequel je suis présentement ».

Saint-Paul disait il y a déjà deux mille ans : « ... j'ai appris à être heureux, quel que soit mon état du moment. »[28]

Et c'est là le secret de la vie : de vivre heureux du moment, et non de toujours penser au *bon vieux temps,* ni de rêver à ce qui pourrait être, mais vivre pour maintenant, aujourd'hui.

Toute femme qui est remplie de Joie, Sa Joie, peut aussi dire au Père Éternel : « Je préfère mon état du moment. » Et non seulement le lui dire - mais le crier de Joie !

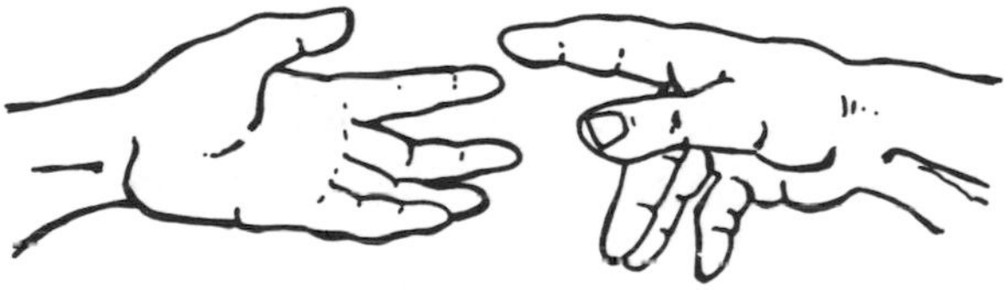

Devoirs

1. Les pourparlers de paix : écoutez et apprenez en commençant demain matin ; essayez ces suggestions sur votre époux ou votre meilleur ami, pour une journée...

A. Ne faites que des commentaires constructifs et positifs, quoi qu'il dise. Mordez-vous la langue si vous commencez à rétorquer. N'oubliez pas que si vous répondez à ses mots de colère par vos mots de colère ce sont ces deuxième mots qui feront éclater la dispute.

B. Demandez-lui de vous expliquer en langage simple un aspect de son travail que vous n'avez jamais compris. Faites-lui savoir que vous le trouvez important. Puis remarquez le changement d'atmosphère.

2. Dans la Famille : écoutez et aimez.
Faites du coucher des enfants un moment d'amour. Essayez d'être entièrement disponible pour eux au moins vingt minutes, deux fois par semaine. Parlez avec eux de leur journée et de leurs projets pour le lendemain. Discutez l'emploi de leur temps et aidez-les à s'organiser.

3. La joie éternelle - Ecoutez et vivez !

A. Pour des directives quant à une nouvelle, lisez et mettez en pratique le contenu du chapitre 5 de Jean, versets 9-13, de la Bible.
B. Pour des directives quant à une joie nouvelle, lisez et mettez en pratique les chapitres 15 et 16 de l'Évangile selon Saint-Jean.

12 Conclusion

Pendant que j'enseignais dans une ville de l'Est du pays, j'ai donné un *devoir* aux dames, à faire le soir à la maison. La plupart des femmes partirent rapidement de l'auditorium, pressées d'entreprendre le projet, mais une très belle jeune femme s'approcha de moi, tremblant littéralement de rage. « Je ne peux faire ce que vous demandez, me dit-elle, mon mari et moi nous parlons à peine. ».

Je lui répondis : « O.K. ! O.K. ! Vous n'êtes pas obligée. Vous n'êtes pas obligée de faire les choses dont nous avons parlé. »

Elle se détendit un peu mais tremblait toujours. « Je vais vous dire. Je vous donne un devoir facile, lui dis-je en souriant, je sais que vous pouvez prendre un bain. » Je fis une pause et elle dit : « Oui, naturellement ! »

« Bon d'accord, lui dis-je, prenez tout simplement un bain et mettez un vêtement confortable ce soir. »

Elle semblait quelque peu soulagée et j'ai alors décidé de plonger : « Une autre chose, si vous le voulez. Vous savez cuisiner, n'est-ce pas ? » A nouveau une réponse brutale : « Naturellement ! »

« Très bien, préparez un dîner simple. Rendez-vous la vie facile ; un rien fera l'affaire. Voilà votre devoir. Prenez un bain et préparez un repas facile. »

Elle semblait soucieuse. Je voulais la prendre dans mes bras et dire : « Voilà, tout va s'arranger, crois-moi ». Mais je ne pouvais pas. Ça n'aurait servi à rien. Elle devait se rendre à l'évidence toute seule.

Laurie rentra à la maison ce soir-là et pensa que tout était fini. Les principes d'amour ne peuvent être enseignés, ils doivent être vécus, et quelque part en cours de route, elle les trouva. Elle prit un bain, mit un nouveau pyjama d'intérieur pour son mari, prépara un rôti, et fit un dîner un peu spécial avec nappe, chandelles - et tout !

A six heures, le dîner et elle-même étaient prêts, mais le mari n'y était toujours pas. Six heures trente passa. Pas de mari. Sept heures, pas de nouvelles. Huit heures, pas un appel pour dire où il était.

Pendant trois heures, Laurie vacilla entre la rage et le calme. Paul avait été si souvent en retard avant. Mais elle croyait cependant que cette soirée serait différente. Elle commença à se demander si elle ne devrait pas tout lâcher une fois pour toute.

Finalement, un peu après neuf heures, il arriva complètement insouciant. A ce moment, elle décida de demeurer calme malgré sa rage intérieure. Son mari ne donna aucune explication pour son retard, s'assit à table et prit le dîner que Laurie avait maintenu au chaud. Elle lui servit son repas au lieu de sa harangue habituelle, et lui demanda comment avait été sa journée.

Au bout de quelques minutes, Paul la regarda et dit : « Hé, qu'est-ce que tu as ? Pourquoi ne gueules-tu pas comme d'habitude ? »

Tranquillement, Laurie répondit sincèrement. « Je t'aime et je veux être une bonne épouse pour toi. Et j'essaie ! »

Paul sembla éberlué. Il resta sans mouvement. Puis il se leva de table et s'approcha de Laurie. Il s'agenouilla à ses côtés et mis sa tête sur ses genoux, puis il se mit à pleurer. « Hier soir fut la meilleure nuit de notre mariage ! », commenta-t-elle au cours.

Environ huit mois plus tard, j'ai revu Laurie. Elle était radieuse mais réaliste. Elle me dit : « C'est très difficile mais nous allons réussir ! »

Simon l'obéissant

La plupart des femmes à qui j'ai parlé veulent aussi réussir. Elles veulent un mariage heureux. La seule variante est *Comment ?*

Les femmes qui veulent changer de *harangueuses* à *amoureuses,* me posent souvent la même question : « Qu'arrivera-t-il si je fais toutes ces choses pour mon mari et qu'il ne réagissc jamais ? »

Cette question est honnête et je vous propose une question, en réponse. Si votre mariage n'est pas comme vous l'auriez aimé et que vous désirez un ménage merveilleux, quelles sont vos possibilités maintenant ?

Voici les options à nouveau. Elles sont habituellement doubles : haranguer ou aimer. Vous vous souviendrez que dans l'introduction, j'ai présumé que si vous étiez mariée vous désiriez réussir en ménage... Les principes de ce livre sont basés sur cette pensée. Ces suggestions sont présentées dans le but d'aider le mariage et de le rendre *pétillant* et ainsi l'option de rompre le mariage n'est plus incluse.

Il nous reste donc deux alternatives : haranguer ou aimer. Si vous aimez haranguer, la prochaine question est : Votre méthode réussit-elle ? »

Si Simon l'obéissant est heureux à la maison, alors continuez ainsi. Mais s'il ne l'est pas, que devez-vous faire ? Si tout a raté, pourquoi ne pas essayer de l'aimer tout simplement ? L'amour est une alternative, et si vous ne l'essayez pas, vous ne saurez jamais ce que l'amour aurait pu accomplir.

« Si tout le monde se retourne contre moi, dit le Révérend Steve Brown, l'amour c'est de savoir qu'une personne m'aime... une personne sur qui je peux compter... une personne qui n'entre pas en concurrence avec moi, une personne qui me veut toujours du bien... ou vers qui je peux aller quand je suis blessé et qui me guérira... auprès de qui je n'ai pas à porter de masque ou être malhonnête... à qui je peux tout dire et être accepté. Ça c'est l'amour, et c'est ainsi que deux personnes n'en font qu'une. »

« Mais mon mariage est déjà trop avancé, m'écrivait une dame de Denver. J'aimerais que nous puissions poursuivre ensemble, mais il n'y a plus d'espoir. De plus je ne reconnais plus mon mari. Il est très différent ! »

Plusieurs femmes m'ont écrit pour me parler de leur situation presque impossible à la maison. Une lettre de dix-huit pages me décrivait combien un mari était terrible et à la fin, l'auteur me demandait : « Maintenant, ne croyez-vous pas qu'il serait préférable de le quitter ? »

Je ne peut répondre par un oui ou un non pour plusieurs raisons. Premièrement, étant donné mon mariage avec un avocat, je sais qu'il y a toujours deux côtés à une médaille - ma façon et la *mauvaise* façon - et souvent même une troisième façon : *la vraie.* Même si le cas semble terrible, *Jean-Coupable* a le droit de se faire entendre avant d'être condamné. Et après tout, sa femme a dû avoir une bonne raison de l'épouser, il doit donc avoir des qualités.

Deuxièmement, je ne joue pas au Bon Dieu. Il est le seul à connaître toutes les possibilités. De plus, souvent même la femme ne désire pas le divorce au fond d'elle-même. A la fin de la lettre de cette dame, il y avait un P.S. qui disait : « Je l'adore et je voudrais mourir si jamais il me quittait. »

Je suis loin d'encourager l'enterrement rapide d'un patient qui n'est même pas mort.

Corrigée par Phoebe

Sur la route de la *réparation d'un mariage,* vous pouvez compter sur *Phoebe Phobie* pour inculquer la peur au moment le plus inattendu. Lorsqu'elle voit de la joie, cette vieille défaitiste adore l'intimider et la faire disparaître. Elle pose des questions comme : « Aimer cet idiot ? Es-tu folle ? Pourquoi cèderais-tu la première ? Tu as tes droits aussi ! »

Ces questions profondes touchent directement au coeur de vos actions. Pourquoi le faites-vous exactement ? Pour ce que vous en tirerez, ou pour la joie de donner ?

Si vous donnez uniquement pour recevoir, Phoebe vous éteindra. Mais si votre motif vient du coeur le plus pur, alors Celui qui donne la joie continuellement peut répondre à ces questions et chasser Phoebe. Vous avez le choix d'écouter qui vous voulez.

Phoebe tentera de vous décourager à chaque tournant. Apprenez à déceler ses tactiques subtiles destinées à emplir votre coeur de jalousie, d'aigreur et de vous enlever votre joie. Vous ne serez pas surprise lorsque de *bonnes* amies attaqueront, ou lorsque votre mari ne réagira pas. Vous ne succomberez pas à la défaite.

Une femme des Rocheuses venait de découvrir une aventure amoureuse de son mari, vieille de deux ans, bien qu'elle se.sentit complètement abandonnée et sans amour, elle avoua qu'elle était aussi responsable de cette aventure que lui.

Son mari et elle avaient décidé d'essayer des échanges d'époux avec des amis. Puis, dans la confusion qui s'ensuivit, personne ne sut plus comprendre ses sentiments et ses émotions. Après quelques mois de recherches personnelles, elle fut la *Femme Totale* au travail et rentra à la maison excitée, heureuse, enthousiaste et totalement décidée à réussir son mariage et à le rendre heureux.

Ce soir-là lorsque son mari rentra, elle l'aida à travailler dans le jardin jusqu'à la tombée du jour. Elle le félicita pour son projet de recherche au bureau et ils restèrent debout à parler jusqu'à minuit.

Le soir suivant, c'était la visite hebdomadaire chez le conseiller matrimonial qui lui dit qu'elle n'était qu'une esclave, lorsqu'elle lui parla avec enthousiasme. Elle m'écrivit pour demander : « Comment une femme peut-elle devenir esclave en montrant son amour sans condition à son mari ? » Je ne sais pas, si c'est elle qui choisit librement de le faire.

Le conseiller lui recommanda de se joindre à un groupe de thérapie avec son mari dans le but de surmonter sa difficulté à parler aux gens. Elle écrivit : « Je ne me sens pas bizarre parce que j'aime avoir mon mari à la maison avec moi et que je m'inquiète lorsqu'il sort prendre un verre. Est-ce que j'ai obligatoirement un problème parce que je n'approuve pas ses sorties et que je n'aime pas raconter mes problèmes à des étrangers ? »

Phoebe Phobie prend différentes formes. Naturellement, tous les conseilleurs matrimoniaux ne sont pas des Phoebe en puissance, mais ses déguisements sont subtils - même sous forme d'un conseiller parfois !

Dans son bureau, M. Phobie détruisit littéralement cette ménagère vulnérable. Elle dit : « Je veux que notre mariage soit un succès, mais je deviens une sorcière nerveuse. Nous avons tous deux été malheureux ce soir, et j'ai perdu le désir de lui remonter le moral - et dire que quelques heures auparavant j'aurais fait l'impossible pour le rendre heureux. »

Lâcher prise

Et nous revenons au début. Parfois je n'en ai pas le désir non plus. Il est si facile parfois de laisser une autre personne contrôler mon attitude et me dégonfler. La question est alors qui gagne ? Phoebe Phobia ou Dieu Lui-même ? Si la peur et l'intimidation sont le moteur, alors Dieu n'y est pas car les Ecritures Saintes disent : « Dieu ne nous a pas donné un esprit de peur mais de pouvoir, d'amour, et un esprit sain. »[29]Avec Lui, je peux poursuivre *malgré tout.* Avec une attitude comme celle-là, la plupart des maris ne peuvent refuser. Et même s'ils le devaient, que faire alors ? J'ai fait tout ce que je pouvais et personne ne peut faire plus.

Une célibataire de Pennsylvanie découvrit que toutes ses théories sur l'amour et le mariage avaient été renversées. « Je réalise que je dois beaucoup changer, au moins sur le plan de mes attitudes et de l'amour égoïste, mais je veux changer, même si cela signifie qu'il n'y aura pas *d'or au bout de l'arc-en-ciel.* Je veux plaire à Tom, et encore plus important, je veux être honnête avec moi-même. »

Une autre dame m'écrivit peu de temps après la mort de son mari, atteint d'un cancer. Elle disait qu'elle avait pu prendre soin de lui avec tendresse et amour seulement grâce aux changements récents dans sa vie. Après vingt-six ans... « Les dernières depuis que j'ai suivi vos cours, ont été les plus heureuses. Avant de mourir il murmurait sans cesse : « Chérie, je t'aime énormément ». Il m'a été plus facile de le laisser partir étant donné que je n'avais pas de remords. »

L'arrêt temporaire

La question dans bien des ménages est simplement de savoir qui (s'il y en a un) veut bien faire les premiers pas pour rétablir l'amour. Si vous êtes captif de ce cercle vicieux, vous pouvez en sortir quand vous le désirez. Phyllis écrivit : « Merci. Aujourd'hui, après huit ans de mariage, j'ai reçu mon premier baiser au retour du travail. J'aurais pu fondre sur les lieux, mais j'ai décidé de l'entourer de plus en plus. »

Mike et elle avait connu un arrêt temporaire depuis huit ans. « J'étais une partenaire ennuyeuse, dit-elle. Aucun de nous ne voulait faire les premiers pas. Année après année, j'attendais que le côté romantique nous revienne. Pendant tout ce temps là, mon cher Mike attendait lui aussi. Si j'avais attendu qu'il change, ça aurait pu prendre dix ans de plus. L'amour c'est comme une roue, il faut lui donner le départ. »

Il y a d'autres 'cher Mike' qui attendent. Au Texas un *Mike* m'écrivait : « En lisant les mauvais exemples de votre livre, j'avais l'impression de lire un récit de notre mariage, et mon coeur criait pour les chances manquées. Mon *ex* m'annonça qu'elle m'avait épousé pour me changer. Et elle aurait pu y parvenir facilement, en mettant en pratique certaines de vos théories. »

Encore un autre *Mike* écrit, d'une prison d'Etat dans la Pennsylvanie. « J'ai trouvé une solution facile dans les drogues parce que je ne trouvais pas d'issue à notre situation. Tout le temps de notre mariage nous ne nous sommes jamais assis pour parler vraiment. Non parce que je ne le voulais pas, mais chaque fois que j'ai essayé, elle faisait des commentaires désobligeants à mon égard. Elle parle sans penser. Je l'aime, mais elle me blesse tellement. J'ai trente-trois ans, elle en a vingt-sept. »

Dans un monde où il semble tellement plus facile de se séparer que de persévérer, il faut du courage pour tenter l'impossible. Selon Nan Birmingham du *Town and Country,* tout le pays semble être empêtré dans un brassage de collégiens attardés avec une masse de gens embrouillés. Les sous-produits de ces embrouillaminis sont les sept millions d'enfants de remariage aux Etats-Unis aujourd'hui.

L'échange le plus étrange dans l'histoire du Baseball s'est produit il y a quelques années, lorsque les joueurs Fritz Peterson et Mike Kekich des Yankees de New York échangèrent leur femme, leurs quatre enfants, leurs deux chiens et leur maison. Les deux hommes ont commenté : « Ce ne fut pas un échange de femmes mais un échange de vies ».

Quelques mois plus tard, Mike Kekich était seul, sans femme et sans enfant. « Je suis un perdant, dit il aux journalistes. Il n'y a rien de plus important pour moi qu'une famille équilibrée qui vit joue et grandit ensemble. Nous pouvons apprendre tellement l'un de l'autre. Les enfants me manquent. »

Il poursuivit : « J'ai appris par expérience, croyez-moi. Un couple de mes amis a des problèmes matrimoniaux. Je leur ai dit de s'accrocher au moindre fil de bonheur qu'ils ont pour rebâtir. »

Votre mariage est peut-être à la bifurcation de l'Amour et de la Séparation, mais qu'il tienne à un fil ou à une corde, je crois que lorsqu'il y a de la vie, il y a de l'espoir.

Un rien suffira

Mardi soir, Don rentra tard de la manufacture. Etant donné qu'il y travaillait comme surveillant, il travaillait assez souvent en temps supplémentaire. Il n'avait pas faim et semblait nerveux en picorant dans son assiette.

Finalement il repoussa son assiette et parla à Gail de son problème. Il avait une aventure avec une fille du bureau depuis trois ans. Don dit qu'il avait demandé le divorce ce jour même et désirait se remarier le plus rapidement possible. Le voyage de noces était tout planifié, l'appartement loué, les meubles achetés.

Gail fut estomaquée à la pensée qu'il avait préparé une toute nouvelle vie avec une autre femme, sous son nez.

En révisant les huit années de leur mariage, Gail se flattait d'avoir toujours été patiente malgré son horaire difficile et ses longues heures de travail. Pendant ce temps, Don pensait qu'elle était si débrouillarde qu'il était devenu inutile. Il trouva une femme qui l'aimait et le désirait comme un homme en a besoin.

Même si elle avait l'impression que son mariage avait pris fin, elle décida de changer d'attitude au lieu de le condamner. En peu de temps elle commença à voir les résultats.

Son mari fut stupéfait de son changement complet. Il commença à passer de plus en plus de temps à la maison. Un soir il dit : « Je crois enfin aux miracles. J'en ai vu un de mes propres yeux. Tu es transformée. »

Elle m'écrivait : « Il est de retour à la maison pour de bon, même si cela semble impossible. J'ai encore beaucoup à apprendre pour devenir une bonne amie, une maîtresse et une compagne, mais vous, moi et Dieu avons gagné ! Je peux réussir maintenant que j'ai trouvé les clés : le courage et l'espoir. »

Ces deux ingrédients - le courage et l'espoir - peuvent changer une vie. L'espoir implique la foi et le courage implique l'attitude. L'espoir est Sa part ; le courage est votre part. Avec ces deux clés nous pouvons tous survivre quelles que soient les circonstances.

Le 21 mai 1927, pendant que le Colonel Charles A. Lindbergh survolait l'Océan Atlantique, un éditorial avec l'entête suivante LINDBERGH VOLE SEUL, parut dans le New York Sun :

Seul ?

Est-il seul celui qui est assis avec le Courage à sa droite, l'Habileté dans la cabine, et la Foi à sa gauche ? La solitude entoure-t-elle l'homme lorsque l'Aventure le mène et que l'Ambition lit les instruments ?

Seul ? Avec quels autres compagnons pourrait désirer voler un homme, s'il en avait le choix ?

Lorsque votre fils part pour l'université et que votre fille fait sonner le cloches du mariage, il n'y a pas de raison de fermer la maison familiale. Lorsqu'il y a une raison à la vie, vieillir ne veut pas dire tout abandonner.

Tout comme le disait une femme : « J'ai décidé que nous n'étions pas pour pourrir là tout simplement parce que les enfants étaient partis. J'ai donc préparé un dîner à la chandelle et tout le tra-la-la ; mon mari fut comblé de surprise ! A partir de maintenant, adieu les dépressions de l'âge mûr. Bonjour, la vie ! »

Et d'une grand-mère de soixante ans : « Les gens de mon âge ont encore le temps de réparer leur attitude et de jouir d'une meilleure fin de vie ensemble. Voici une grand-mère qui renaît, dit-elle, au lieu d'être juste une autre dame âgée. JE SUIS une jeune fille dans mon coeur, mon mari adore cela. Cet élixir de vie est garanti pour redresser votre vie et réveiller votre homme au septième ciel. Je le sais parce que je le partage avec lui. »

L'âge est une chose tellement relative. J'ai connu des dames ayant franchi la cinquantaine qui paraissaient vingt ans de plus. Et d'autres de quatre-vingts ans (la grand-mère de Charlie, Mimi, par exemple) qui vont travailler tous les jours, frottent leurs propres planchers et voyagent seules.

Une telle *jeunesse* me remercia d'avoir allumé un feu sous une épouse paresseuse. Elle disait : « Ma famille se demande où est allée la vieille maussade (moi avant) et nous sommes beaucoup plus heureux. Lorsque mon attitude changea, mon aigreur disparut aussi. Je crois même que je serai dans la chaise berçante voisine de mon amour lorsque j'aurai atteint quatre-vingt-dix ans ! »

Elle ajouta en terminant : « L'émoi que je croyais perdu à jamais est revenu. L'avenir semble bon et le mot *pour toujours* semble un cadeau du ciel ».

En tant que femme d'un officier de marine en poste à l'étranger, Sharon trouvait que les inconvénients étaient insupportables jusqu'à ce qu'elle découvre le courage et l'espoir. « J'ai décidé d'arrêter de me noyer dans la pitié de moi-même, de commencer à jouir des soirées où il est là et de prendre chaque jour le *travail* avec le sourire. Maintenant, je me réjouis de voir à tous les besoins de Gene, y compris certains suppléments *non inclus dans le contrat de mariage* comme l'amitié, la gentillesse et la vie commune. »

Sharon parlait de ses difficiles conditions de vie. Chaque semaine le vendeur de charbon marche sur ses planchers bien cirés et laisse cent livres de charbon dans le placard de la salle de bain, leur seule remise. Elle allume le feu et nettoie après.

Elle disait : « Il est difficile de transformer en Cendrillon sexy une sorcière de cendre lorsque vous en avez sous vos ongles autrefois parfaitement soignés et tout ceci dans une maison si froide que la buée vous sort de la bouche. Lorsqu'il y a du vent qui descend par la cheminée, la pièce complète et envahie de fumée et d'une couche de suie presque intolérable et malsaine.

Le bain du soir est impensable à cause du froid. L'électricité coûte trop cher pour être utilisée. Le fer à repasser et le malaxeur sont inexistants parce qu'ils requièrent un transformateur. Il n'y a pas de centre d'achats, mais beaucoup de boulangeries - les pires ennemies de la femme. »

Elle poursuivait : « Je pourrais continuer mais vous avez une idée des choses que je fais pour mon mari. J'espère partager mes expériences avec d'autres afin de donner un sens à leur vie. P.S. Je n'ai que dix-neuf ans. »

Pourquoi vivre ?

Après cinq ans de détention dans un camp de prisonniers de guerre au Viet-Nam, le Capitaine James H. Warner partagea le secret de sa survie. Comme prisonnier de guerre, il avait été enfermé dans une *boîte chaude* de six pieds par six pieds et on lui interdit de dormir pendant dix jours. Il fut enchaîné et forcé de demeurer assis sur un banc de douze pouces de haut pendant des périodes allant jusqu'à vingt jours.

Tout au cours de sa captivité, il se disait : « Tu dois regarder la vie carrément en face et quel que soit ton sort, tu dois en tirer le plus possible. Si ce n'est qu'une petite pièce de pierre qui ne mesure que six pieds par six pieds et dont les murs sont nus, alors tu dois l'accepter et en tirer le meilleur profit possible. »

Nietzche disait : « Une personne qui sait pourquoi elle vit peut accepter presque tout. » Partout sur la terre, des femmes courageuses et créatrices sont les preuves vivantes que lorsqu'une femme est remplie de joie, les circonstances ne peuvent la lui ôter.

Armée d'une raison de vivre, une femme de New York mc disait : « Je suis mariée depuis dix-huit ans, j'ai trois adolescents, je suis atteinte de sclérose en plaques, et mon mariage est ennuyeux. » Elle suivait des cours universitaires, mais ne put compléter sa maîtrise à cause de sa maladie.

« Je ne peux pas travailler ni conduire ni même marcher beaucoup, disait-elle mais Dieu a été bon pour moi. J'aurais donc aimé que votre livre arrive il y a quinze ans ! Nos vies auraient pu être tellement plus heureuses, et combien différentes, mais elles le seront à partir de maintenant. Je dis ça, assise, avec mes bas de filets noirs, ma mini jupe rouge et un T-Shirt de Charlie Chan, plus joyeuse ! Dieu vous bénisse ! Mon mari et moi sommes tous deux crevés mais si heureux, et ce fut si facile ! »

Les lettres arrivent sans cesse.

Marianne commençait sa lettre : « Chère Marabel, mon mari et moi avons tout abandonné. J'ai quitté la maison et suis partie chez mon frère à quelques milles de chez nous. Je me sauvais de mon mari, l'homme que j'aime autant que la vie.

« En changeant d'avion à Dallas, j'ai cherché un livre pour alléger ma solitude et soigner mon coeur brisé, et j'ai acheté votre livre. Je ne l'ai pas déposé. Avant d'arriver à destination je l'avais lu du début à la fin. Je ne voulais pas refaire ma vie seule, je voulais rentrer à la maison et refaire ma vie là.

« J'ai téléphoné et laissé un message pour mon mari, « Je rentre à la maison. S'il veut recommencer, dites-lui de venir me chercher ! »

« Ce fut les six plus longues heures de ma vie, ne sachant pas s'il serait là. Oh, comme j'ai prié pour qu'il y soit... et il y était ! Ça m'a coûté $240 pour trouver un livre qui sauva mon mariage et ma vie. »

Le Lac de l'Amour

Une *Femme Totale* conserve ses priorités en ordre. Premièrement, elle est une personne, responsable en face de Dieu. Deuxièmement, si elle est mariée, elle est une partenaire. Troisièmement, si elle a des enfants, elle est un parent. Et finalement, sa quatrième priorité concerne le public. Elle, puis lui, puis les enfants, puis les autres.

Plongez dans le Lac de l'Amour et les vaguelettes partiront dans toutes les directions. Les *vaguelettes* d'une vie changée rejoignent non seulement le mari et les enfants, mais le public aussi. Permettez-moi de vous faire part de quelques dernières nouvelles de vies changées.

1. *Vous :* c'est là que le tout commence. Ecoutez la joie personnelle des femmes suivantes :

- De Californie - « Je suis certaine que tout ne sera pas facile à compter de maintenant, mais j'ai un bon départ. Je me sens bien en dedans. Ma vie est à l'endroit et le monde est beau de nouveau. »

- Du Kentucky - « Je sais que, ni mon mari, ni moi ne seront plus pareils - et j'en suis ravie ! »

2. *Lui.* Un mariage heureux ne peut être formé que de gens heureux.

- De l'Oregon - J'étais une sorcière au sale caractère. Et mon mariage était un échec total. Mon mari vivait sur un tonneau de poudre prêt à éclater en tout temps. Je suis tellement chanceuse d'avoir changé avant de rendre nos vies misérables pour le reste de nos jours. Maintenant il délire de joie !
- De l'Ohio - « Notre maison est un nouveau foyer, une jolie maison d'exposition et une merveilleuse place où vivre. Pour la première fois en plusieurs années, mon mari et moi avons beaucoup de choses à nous donner. Plus important encore, nous sommes de vrais amis ! »
- Du Wisconsin - « Mon mariage est remonté des abîmes en six semaines seulement. Mon mari et les enfants semblent si différents. Ont-ils changé ou est ce moi qui ai changé ? Hier soir mon mari me fit la surprise d'un album de Neil Diamond, un artiste qu'il déteste. Je me sens merveilleusement bien, tout comme la fille qu'il a épousée. »
- De l'Arizona - « Mon mari, l'iceberg que je suppliais de me prendre dans ses bras, ne peut plus se tenir loin de moi, et j'adore ça, j'adore ça, j'adore ça ! »
- Du Nebraska - Mariée, vingt et un ans. J'avais l'impression que mon mari ne me remarquait jamais. Tout comme si je n'existais plus. Pendant trois semaines, j'ai mis en pratique vos principes et il est devenu charmant. Il me complimente ! J'espère me faire dire « je t'aime » en 1976.

Et les vaguelettes s'étendent plus loin encore.

3. *Les enfants.* Les enfants sont habituellement les premiers à remarquer le changement.

- De l'Indiana - « Etant introvertie, j'ai toujours eu

de la difficulté à embrasser mon mari, mais hier soir ça semblait tout naturel. Mon enfant de quatre ans fut si surpris qu'il cria aux autres enfants : « Venez voir, papa et maman ! Je crois qu'ils vont se marier ! »

- Du Texas - « Mon petit garçon m'a dit hier soir : « Maman, demain lorsque je serai debout, tu auras toutes mes bises de la journée. » Je sens l'espoir en dedans de moi et pour la première fois je vois mon foyer reconstruit. Priez pour moi - je dois courir pour rattraper le temps perdu. Mon mari et moi sommes séparés. »

- De New York - « Maman tes sourcils ne se froncent plus. Tu ne cries plus. »

4. *Les autres - « les autres »,* c'est tout le monde !

- De l'Oklahoma - « En tant que divorcée depuis six mois, j'ai ri de votre livre, mais j'ai essayé d'être une *Femme Totale* avec mon ami. Nos rapports sont maintenant merveilleux. C'est difficile pourtant au travail. Je suis gérante du département de chaussures pour hommes et je leur souris et je les écoute au lieu de leur faire la moue. J'ai de plus en plus de clients qui viennent et me demandent et j'ai connu depuis une augmentation importante des ventes. Votre livre est dangereux pour les femmes célibataires ! »

- De la Caroline du Sud - « Malheureusement, je dois attendre le retour de voyage de mon mari. Quelle amélioration au moral des hommes si les femmes de marins leurs donnaient un charmant adieu. Des femmes heureuses entraînent des hommes d'équipage heureux. Un équipage heureux est un bon équipage. Et un voyage réussi signifie un retour plus rapide. Pourquoi les femmes n'obligent-elles pas le gouvernement à suivre les cours de *Femme Totale* ! »

- De Washington - « Etant donné que je n'ai pas de mari, je donne de l'amour à mes amies, à ma parenté, à mes deux chats et croyez-moi j'en reçois beaucoup en retour. Par amour, je ne veux pas dire le sexe, juste des gestes et une voix tendre. P.S. Dactylographié par un aveugle et non corrigé. J'espère que votre livre va sortir en disques ou cassettes pour les aveubles. »

La grande course

Le Jour du Souvenir l'an dernier, Charlie et moi avons regardé la course des *500 milles d'Indianapolis.* Regarder ces longues voitures minces roulant à 190 milles à l'heure, presque roues sur roues de chaque côté, était très excitant (ça me rappelait la conduite sur nos voies rapides de Miami).

Dix minutes après le début de la course, la ligne des autos commença à s'étirer et le tour constant de la piste devint monotone.

Puis le tout changea. Le réseau de télévision avait filmé certaines séquences de l'intérieur d'une des automobiles, alors qu'elle roulait autour de la piste, pour montrer la perspective d'un pilote.

J'étais maintenant hypnotisée, oubliant même le salon où j'étais. Lorsque l'automobile se mit à rouler de plus en plus vite, et même plus vite que je ne l'aurais imaginé, j'ai commencé à m'agripper à ma vie. *Nous* montions très haut aux tournants puis nous nous frayions un chemin entre les autres automobiles. Mes yeux étaient collés à la route directement devant moi. Je ne pouvais même pas regarder les objets qui passaient en volant à nos côtés de peur d'occasionner un accident si je ne me concentrais plus.

Quel exemple de la vie ! Combien de gens se croient au volant lorsqu'ils ne sont même pas dans l'auto. Ils préfèrent rester à côté et critiquer les pilotes, plutôt que d'aller sur la route eux-mêmes.

Le plaisir est dans l'accomplissement. Il est peut-être plus facile de regarder, mais beaucoup plus amusant de participer, et encore mieux de finir !

La victoire n'est pas dans le succès. La victoire est dans la participation et dans la finition, sachant que vous avez fait un bon travail.

Comme nous voyageons sur la route de la grande aventure ensemble, mon amie, nous savons toutes deux que la vie est difficile ici-bas. Il faut combattre sans arrêt - un combat parfois glorieux - mais toujours un défi. Demain, le fond peut s'écrouler et tous nos efforts peuvent être perdus. Mais nous pouvons quand même vivre cette vie au-dessus des sillons, marchant dans la lumière, vibrantes de joie.

Tout comme me disait une dame : « Que puis-je dire ? Je sais enfin qui je suis et où je vais. Mes enfants ne frémissent plus lorsque je les embrasse et les caresse. Mon mari est réjoui et comblé sexuellement. J'ai l'impression d'avoir entamé une nouvelle vie. »

Hier est passé, aujourd'hui est fait de vingt-quatre nouvelles heures. Quel que soit notre passé, nous avons un nouveau départ. Aujourd'hui, maintenant. Non seulement une existence, mais la possibilité d'une vie sans regret. Pas la perfection, mais une nouvelle perspective. Non pas une garantie du bonheur éternel, mais *la joie totale.*

Je recommence aujourd'hui, moi aussi avec vous. Je vous rencontrerai à la ligne d'arrivée ! Tout comme le dit l'annonceur dans les courses automobiles :

« Mesdames, faites tourner vos moteurs ! »

RÉFÉRENCES AUX ÉCRITURES SAINTES

1 Proverbes 23:7
2 Voir Genèse 2:26
3 Proverbes 31:25
4 Voir Mathieu 6:25
5 Proverbes 29:18
6 Psaumes 90:10,12
7 La « Bible Amplifiée » le rédige ainsi : La crainte respectueuse et honorable de Dieu allonge vos jours
8 Proverbes 17:22
9 Psaumes 118:24
10 Voir Proverbes 27:15
11 Voir Proverbes 25:24
12 Voir Marc 3:25
13 Voir Éphésiens 5:22
14 Voir Éphésiens 5:22 dans la Bible Amplifiée
15 Voir Mathieu 5:38 - 48
16 Philippiens 4:8
17 Éphésiens 4:26,32
18 Proverbes 19:11
19 Voir Proverbes 17:9
20 1 Corinthiens 13:7
21 Ecclésiastes 6:6
22 Voir Jérémie 29:13
23 Jean 15:11
24 Jean 8:36
25 Voir Jean 10:10
26 Voir Jean 15:7; 16:24
27 Voir Psaumes 16:11
28 Philippiens 4:11
29 Timothée 1:7

Imprimé au Canada

DÉPÔT LÉGAL:
Bibliothèque Nationale du Canada
Bibliothèque Nationale du Québec
4e Trimestre 1978